会计名家培养工程学术成果库
——**学术总结**系列丛书

走南闯北向远方
——我的学术之路

陆正飞 著

中国财经出版传媒集团
中国财政经济出版社

图书在版编目（CIP）数据

走南闯北向远方：我的学术之路/陆正飞 著. —北京：中国财政经济出版社，2019.1
（会计名家培养工程学术成果库.学术总结系列丛书）
ISBN 978-7-5095-8513-9

Ⅰ.①走… Ⅱ.①陆… Ⅲ.①会计学 Ⅳ.①F230

中国版本图书馆CIP数据核字（2018）第208316号

责任编辑：宋学军　　　责任校对：黄亚青
装帧设计：陈宇琰　　　责任印制：党　辉

中国财政经济出版社 出版

网址：www.cfeac.com
邮箱：cfeac@cfemg.cn
（版权所有　翻印必究）
社址：北京市海淀区阜成路甲28号　邮编：100142
营销中心电话：010-88191522
天猫网店：中国财政经济出版社旗舰店
网址：http://zgczjjcbs.tmall.com
中煤（北京）印务有限公司印装　各地新华书店经销
710×1000毫米　16开　20印张　200 000字
2019年8月第1版　2019年8月北京第1次印刷
定价：98.00元
ISBN 978-7-5095-8513-9
(图书出现印装问题，本社负责调换)
质量投诉电话：010-88190744
打击盗版举报热线：010-88191661，QQ：2242791300

 **会计名家培养工程学术成果库**
编委会成员

主　任：程丽华
副主任：朱光耀
委　员：高一斌　杨　敏　王　鹏　郭道扬
　　　　孙　铮　顾惠忠　刘永泽　骆家駼
　　　　汪林平　王世定　周守华　王　华
　　　　樊行健　曲晓辉　荆　新　孟　焰
　　　　王立彦　陈　晓

出版说明

为贯彻国家人才战略,根据《会计行业中长期人才发展规划(2010~2020年)》(财会〔2010〕19号),财政部于2013年启动"会计名家培养工程",着力打造一批造诣精深、成就突出,在国内外享有较高声誉的会计名家,推动我国会计人才队伍整体发展。按照《财政部关于印发会计名家培养工程实施方案的通知》(财会〔2013〕14号)要求,受财政部委托,中国会计学会负责会计名家培养工程的具体组织实施。

会计人才特别是以会计名家为代表的会计领军人才是我国人才队伍的重要组成部分,是维护市场经济秩序、推动科学发展、促进社会和谐的重要力量。习近平总书记强调,"人才是衡量一个国家综合国力的重要指标""要把人才工作抓好,让人才事业兴旺起来,国家发展靠人才,民族振兴靠人才""发展是第一要务,人才是第一资源,创新是第一动力"。在财政部党组正确领导、有关各方的大力支持下,中国会计学会根据《会计名家培养工程实施方案》,组织会计名家培养工程入选者开展持续的学术研究,进行学术思想梳理,组建研究团队,参与国际交流合作,以实际行动引领会计科研教育和人才培养,取得了显著成绩,也形成了系列研究成果。

为了更好地整理和宣传会计名家的专项科研成果和学术思想,中国会计学会组织编委会出版《会计名家培养工程学术成果库》,包括两个系列丛书和一个数字支持平台:研究报告系列丛书和学术总结系列丛书及名家讲座等音像资料数字支持平台。

1.研究报告系列丛书,主要为会计名家专项课题研究成果,反映了会计名家对当前会计改革与发展中的重大理论问题和现实问题的研究成果,旨在为改进我国会计实务提供政策参考,为后续会计理论研究提供有益借鉴。

2.学术总结系列丛书,主要包括会计名家学术思想梳理,教学、科研及社会服务情况总结,旨在展示会计名家的学术思想、主要观点和学术贡献,总结会计行业的优良传统,培育良好的会计文化,发挥会计名家的引领作用。

3.数字支持平台,即将会计名家讲座等影音资料以二维码形式嵌入学术总结系列丛书中,读者可通过手机扫码收看。

《会计名家培养工程学术成果库》的出版,得到了中国财经出版传媒集团的大力支持。希望本书在宣传会计名家理论与思想的同时，能够促进学术理念在传承中创新、在创新中发展，产出更多扎根中国、面向世界、融通中外、拥抱未来的研究，推动我国会计理论和会计教育持续繁荣发展。

会计名家培养工程学术成果库编委会
2018年7月

目录

第一部分 个人学术自传 / 1

一、童年记忆：简单快乐 / 3

二、小学中学：沟沟坎坎 / 6

三、我的大学：杭商印记 / 16

四、研究起点：人大情缘 / 29

五、成家立业：南大启航 / 47

六、二次"创业"：北大续航 / 81

第二部分 主要学术观点 / 107

一、比较国际会计与中国会计改革研究 / 109

二、资本结构与融投资行为研究 / 116

三、产权保护导向的会计研究 / 147

四、启示性的结论　／　*180*
　　主要参考文献：　／　*183*

第三部分　学习与工作简历　／　*187*

　　一、学习经历　／　*189*
　　二、工作经历　／　*191*
　　三、出国（境）访问　／　*195*
　　四、学术兼职　／　*197*
　　五、社会兼职　／　*199*

第四部分　个人学术年表　／　*201*

第五部分　获奖情况统计　／　*225*

　　一、荣誉称号　／　*227*
　　二、科研奖励　／　*228*
　　三、教学奖励及其他　／　*231*

第六部分　科研成果统计　／　*233*

　　一、论文　／　*235*
　　二、著作　／　*257*

三、教材 / *258*

四、研究报告 / *261*

第七部分 学生眼中的老师 / *263*

健步引领学术潮 俯首甘为孺子牛 / *265*

第八部分 媒体报道和采访 / *279*

陆正飞：与会计相融的无悔岁月 / *281*

痴于教研 欣然前行 | 记北大光华教授陆正飞 / *291*

第九部分 主要学生名录 / *297*

一、硕士研究生（普硕）名录 / *299*

二、博士研究生名录 / *303*

三、博士后名录 / *305*

第一部分 个人学术自传

一、童年记忆：简单快乐

1963年11月，我出生在江苏省海门县平山乡（当时叫"人民公社"）文明村（当时为"四大队"）的第四小队（自然村）。在我的童年时期，全家七口人（父母、四个姐姐和我）住着三间并不大的瓦房，居住条件不算好，但也不是最差。在我有些懂事的时候，就听姐姐们说，在我出生的时候，家里只有两间房子。为了给我过一周岁生日，父亲临时起意加盖了一间房子。这在日后被亲友乡邻解读为父母对唯一的儿子的重视。随着我自己年岁的增长，尤其是初为人父之后，我也越发感念我的父亲母亲。但是，我的父母其实并不存在明显的重男轻女倾向。父母对我四个姐姐的培养和婚嫁，也同样尽心尽力，体面周到。只是由于时代的原因，四个姐姐都只有小学或初中学历，为了家庭生计早早辍学务农。不过，她们在我们乡邻和亲友的心目中，个个都算知书达理，婚嫁之后都能把小家庭经营得妥妥帖帖。尤其是，她们都十分孝敬父母。

我们的家庭是典型的男主外女主内模式。父亲年轻时在上海滩做过学徒，在家乡当过兵、经过商，进入"文革"时期之后，基本就在家务农了。父亲上过两年半小学，但记忆力很好，能够给我们小孩子讲好多历史故事和民间传说，生动有趣。尤其是下雨天，或者夏天晚上乘凉的时候，我们总喜欢缠着父亲给我们讲讲故事。父亲是个硬汉，非常刚强。在家里，父亲也是不怒自威。但是，父亲对儿女很宽容，从未对任何孩子动过手。这在那个年代是非常难得的。

我的母亲是个典型的传统农村妇女。没有上过学，只是在我小的时候断断续续上过几天夜校（村里的扫盲学校，晚间学习），认不了几个字。但是，母亲很聪明能干，总能把家里的事情安排得井井有条。家里所有人身上穿的，可以补丁叠补丁，但绝不邋遢；家里每天吃的，虽然简简单单，但从未缺粮断草。即便是在每年春天青黄不接之际，家里也不至于断顿。而且，在遇到下雨天不能干农活时，偶尔还给我们姐弟做些平时不舍得吃的解解馋，诸如炒蚕豆、摊茄饼等。但是，母亲对子女要求十分严格，甚至苛刻。无论是学习还是干家务和农活方面，一概从严要求。不仅要我们学着做所有事情，而且必须做好，必须持续做好；稍有走样，便唠叨不断，甚至打骂。所以，我的四个姐姐和我小时候虽然更怕父亲，但其实更烦母亲。不过，成年之后，我们都十分感谢母亲的唠叨。正是母亲的唠叨，使我们学会了自食其力，懂得了勤能补拙，习惯了艰难困苦，传承了勤俭持家。

我父亲在兄弟姐妹中排行老小，母亲在兄弟姐妹中排行倒数第二，而我在家又是排行老小。因此，在我出生的时候，我的爷爷、奶奶和外公都已离世多年，唯一见过的便是外婆。外婆是在我高中一年级时去世的。外婆年轻时裹了脚，三寸金莲，走路缓慢，摇摇晃晃。外婆很早就双目失明（应该是白内障，当初不知道为什么），生活极为不便。外婆家离得近，也就一里地，小时候常跟着母亲去外婆家，帮外婆种菜、洗被子等。等我稍大了一些，我也常独自去帮外婆做些小事。每次去外婆家，外婆总要留我吃饭，别的没有，但总会给我蒸个鸡蛋。在那个时候，这算是开荤了。

小时候最开心的事，恐怕就是在表哥表姐结婚时跟着父母去喝喜酒了。由于每家孩子都不少，表哥表姐结婚时，大家聚在一起，异常热闹。当然，比我们大太多的表哥表姐，与我们这些小毛孩是玩不到一起的，真正能一起疯玩的，还是年龄相仿的表兄弟姐妹。捉迷藏、爬草堆、穿竹林，这些是最经常玩的游戏。当然，打打闹闹也是少不了的。

小时候唯有的精神食粮，就是有限的几本小人书（连环画，诸如《地雷战》等）。那也基本都是借来的，很少是自己买的。那时农村也没有幼儿园，在上小学前完全是散养的，没有学习安排。村里所有孩子都这样，也就不会担心输在起跑线上。虽然无知，但也快活。

二、小学中学：沟沟坎坎

我的小学名叫"坚决校"，是地主家的宅子。地主名叫郁卓之（根据小时候记着的音推测的，是否这样写的几个字，不得而知），我没见过。长大了才知道，我国著名歌唱家郁钧剑是其孙子。

当时上小学是划片的，不可以也不需要择校。但是，由于1963年左右是人口出生高峰期，坚决校需要接受来自两个半村的孩子入学，教室容量有限，学校就会让年龄较小的孩子推迟一年上学。其实，那时谁都没有出生证，也没有户口簿。一年级新生报名时，老师问年龄，大家回答的是虚岁。记得我第一次去小学报名时，老师问"几岁啦？"，我说"八岁"（1970年春，按周岁说应该是6岁多三个月）；老师说"回去吧，明年再来"，我就二话不说回去了。其他孩子也一样。其实，那时似乎没有谁在乎早一年或晚一年上学，父母无所谓，本人更不介意了。因此，也没有发现谁为了早上学而虚报年龄。这样，我就推迟了一年，也就是1971年的春天才上的小学。

我的小学规模不大，一至五年级各一个班。可能是因为教室没有五间，但教室空间又是大小不一，因此，记得我们班曾经与高年级的另一个班在同一间教室上课。这样的课堂叫做"复式班"。有趣的是，同一个老师在同一间教室给不同年级的两个班级讲课，老师还能安排的有条不紊。通常的做法是，老师先给其中的一个班级讲课，让另一个班的同学自习或做题；过会儿则相反。在当时，似乎也没有觉着有什么不好，甚至因为能够"偷听"一下高年级的课程而感到挺有趣的。

那个年代，小学任课老师基本是本乡人，因此，讲课一般也就讲方言。但是，我们班的语文老师是上海知青，说我们当地的方言不太熟练，上课就使用带着一些上海口音的普通话。这对我们还影响很大：普通话能力比其他班的同学明显强不少。语文老师名叫瞿红兰，眼睛近视比较严重。瞿老师教学很认真，但跟学生相处时比较严肃。学生还是有些怕她的。大概在我们三、四年级的时候，有同学了解到瞿老师有男朋友了，是部队转业军人。瞿老师下班回家会经过我们村口，有时候还和男朋友骑车同行。出于好奇和调皮，我们周边几个小队的同学，每当看到瞿老师和其男朋友骑车经过时，就躲在暗处喊叫他们的名字。终于有一天，我们这些"嫌疑人"被一一叫到她的办公室接受训话。这件事，至今都觉得有些不好意思。应该说，我们其实是很喜欢瞿老师的。成年之后，尤其感谢她为我们奠定的普通话基础。

我们上小学时的算术老师叫郁汉忠。郁老师是我们大队的人，跟我父母熟，也教过我的几个姐姐。郁老师对学生有些严厉，但不知为什么，学生似乎都并不太怕他。郁老师有个阶段还担任我们班的体育课老师。在他的体育课上，每每有学生不听话，不按照他的要求做，甚至吵吵闹闹时，郁老师经常发的"大招"便是"目标教室，齐步走"。到了教室，便是更严厉的训话，直至全班鸦雀无声。体育课就这样经常演变为"室内训话课"。

1976-05初中毕业报考高中的证件照

我的小学时期，也就是"文革"后期的那些年。因此，我们在小学期间并没有见过"文革"早期的那种"武斗"场面。但是，有几件事情还是成了我永远挥之不去的记忆。

其一是，有一次课间，一位"算命先生（盲人）"经过我们小学门口，正好被在操场玩耍的同学发现。一些高年级的同学一哄而上，将其推搡着押到了学校的操场中央进行批斗。另一些学生迅速抬过来一张课桌，但这张课桌缺了一条腿。当被推上课桌之后，课桌旋即倾倒，"算命先生"也就狠狠地摔倒在了地上。学生们之所以这样做，是因为"算命"属于搞封建迷信活动。我虽然从不相信算命，也不算命。但是，这样批斗一个双目失明的"算命先生"，毕竟让人感觉有些残忍。

其二是，小学时期，正赶上"学工学农"运动。在农村，没机会学工，就经常学农。例如，学校养了一些兔子和山羊，学校就安排每个班级同学轮流带青草到学校。青草当然是放学之后自己去割。再如，农忙季节，老师就组织学生为学校周边小队干一些农活，包括摘棉花、收麦子等。等长大了才明白，这不失为学校处理好与周边村民关系的"公关活动"。当然，我们写作文时最常用的一句话便是"晒黑了皮肤，炼红了心"。这是对学农劳动的最高赞美。

其三是，在我们班五年级即将毕业之际，我们县（江苏省其他县应该也这样）中小学由春季入学改为秋季入学。因此，1976 年的春季，我们就继续上半年小学。由于小学课程都已经学完了，最后半年留在小学学什么呢？记得开学后拿到课本时，课本封面上赫然出现三个大字"总复习"。真是绝了，人类的创造性可见一斑。就这样，小学那附加的最后半年，就在这"总复习"中度过。

小学毕业升入初中，当时并不需要考试。但是，可能是因为初中学校（也是划片的）的教室也有限，在我们小学毕业时听说并非所有毕业生都能上初中。由于不考试，那按什么规则决定谁上谁不上初中呢？据说可能的考虑是"家庭成分"、"其他家庭背景（如家人是否是大队或小队'干部'）"。我所在的小队与我小学同班的同学包括我在内就两人，但那位同学的哥哥是我们小队的会计。因此，如果我们两个人中由小队推荐一名上初中，那一定不是我。为此，我还担心了一段时间。幸好，后来初中设法增加了一间教室，从而所有小学毕业生都可以上初中，我也就有惊无险地升入初中了。我们的初中叫"平山校"（后来更名为"文明中学"），地处五大队。"平山"之名源自当地烈士张平山。

初中虽然只有两年，但在我的人生经历中是尤为清晰的一段记忆。刚上初中时，班主任季金华老师指定的班长是个女生，她也是我小学班级的班长，性格比较沉稳，像个干部。而且，她的姐姐是我们初中的老师。因此，开学初指定她为班长再自然不过了。由于我小学阶段没怎么担任班干部，上初中后自然就是个"群众"。但是，开学之后没过多久，一件偶然的事情，让班主任很快把我任命成了"班长"。那是初一第一学期的语文课上，季老师在讲解《国际歌》这篇课文时，课堂提问过程中我举手了，季老师点名让我回答问题。我的回答让季老师十分满意，当场给予高度评价和表扬。这之后，在季老师的心目中，我就是班上最优秀的学生了。没多久，就任命我为班长。而且，在第二学期的开学典礼上，安排我代表我们年级三个班级在全校大会上发言。这是我人生见识的第一个"大场面"，由此得到了锻炼。应该说，是季老师在我的生命过程中第一次让我有

第一部分 个人学术自传

1981-06 高中毕业合影

了充分的自信，终生受益和难忘。同样，我们班数学课陈国钧（女）老师，也对我影响很大。陈老师眼睛很大，非常有神。讲课特别清晰。我坐前排，听课认真，成绩也好，很是受陈老师的喜欢。

正当春风得意之时，不幸的事情发生了。由于平山校 1977 年开始招收高中学生，需要占用一间教室。因此，初中就缺少一间教室。结果是，我所在的班级在初二年级时，就被从平山校剥离出来，在我家所属的四大队的大队部找了一间会议室权且作为教室。整个初二年级，由两位老师担任我们班级的所有课程。一位是班主任季老师，除了教语文，还兼教化学课。另一位是刚从部队转业回来的柏老师，负责数学、物理等课程。由于老师配备的局限性，再加上一个班级缺乏学校的学习氛围，再加上这个班上几位发育较早的男生经常跟老师顶牛，课堂气氛十分糟糕。虽然我的学习成绩在班上稳居第一，但与那些在正规学校学习的同学之间的差距渐渐被拉大了。在初中升高中的全县统一考试中，作为班上总分最高的我，不仅没有被海门中学（省重点）录取，也没有被四甲中学（我们乡所在区的县重点中学）录取，而是录取在了长兴中学（乡办中学，仅优于村办中学）。尽管这个结果早就被父亲预测到了（父亲说我是"猪圈里的黄牛"），但我还是非常难以接受。初中毕业之后的这个暑假，是我人生中最灰暗的一个暑假，对未来的人生几乎完全失去了信心。

1978 年 9 月进入高中之后，痛定思痛，既来之则安之。虽然

1977年就回复了高考,但在我们上高中之前,其实对高考的理解是很虚幻的,因为我们村乃至整个乡真正参加了高考的学长很少,考上的更是寥寥无几。进入高中之后,逐渐了解到高二年级的学长处于紧张的高考复习准备之中的状态。待我们进入高二时,自己也面临是否参加高考以及报考大学(包括本科和专科)还是中专的选择问题了。由于我们上一届两个班级同学中没有一个考上本科院校,考上专科院校的也只有三位。而那三位学长,原本在我们心目中就已是神一样的存在了。因此,我们这届同学的自信显然受到了严重影响,多数人不敢报考大学,而是选择报考中专。当然,还有相当多的同学根本就没有打算参加高考。此外,如果报考大学,还需要在文科与理科之间作出选择。其实,在高一阶段,我都不知道还有文理之分。高二开学时,我意外发现班上有几位同学在看历史、地理教材,详细了解缘由之后,方知他们是确定报考文科了。我们初中时没有正式学过历史、地理课程,只是在"史地"课上听老师讲讲故事,没有教材,也无须考试。高中就更没有这两门课了。因此,打算考文科的同学,就只能从初中部小同学处借历史和地理教材了。原本我是没有考文科的想法的。一来历史和地理都没有学过;二来我的数理化成绩虽然不都是班上第一,但也都名列前茅。但是,经过仔细思考和研究之后,我还是决定报考文科。当初作此决策的主要考虑有二:(1)多数报考文科的同学,数学成绩都不太好,而我的数学成绩即使考理科也不吃亏,考文科就会有比较优势;(2)根据上一届的经验,考上本科的几率很小,发挥好了估计也就考上专科,很大可能第一年高考名落深山,那么,考文科的话就可以在家自己复习(历史、地理比较容易自学)。数理化老师知道我打算考文科之后,或者劝我考理科,或者有所不悦。但最终他们还是尊重学生自己的选择的。长兴中学的两年高中生活,尽管班主任徐瑞老师等给了我们最大的关心和帮助,但个人总体感受是相当纠结和失意的两年。

高考结果完全符合我的预料。我们这一届两个班级,全部落榜。所幸的是,我们几个考分比较接近录取分数线的同学,分别被三厂中学理科补习班和其林中学文科补习班录取了。要知道,当初这样的补习班是完全免学费的,只是生活费自理而已。有此结果,已是不幸中的大幸了。

其林中学的文科教学,当时在我们全县都是最领先的,风头甚至盖过海门中学。学校举办这样的补习班,完全是为了学生的前途着想,当然,同时也是为了进一步提高学校的声誉。其林中学为我们配置的各门课的任课老师,绝对是全县一流水准。语文课胡嘉澄老师是我们班主任。据说胡老师在"文革"期间曾被打为"右派"。从他的锐利语言和果敢行为判断,"文革"中被打为"右派"是可能的。胡老师爱憎分明,无论是学校、班级还是具体哪位学生存在什么问题,只要他发现了,就会说,就会严厉批评。胡老师在班上训话,与别的老师最大的不同是,他确实非常生气,以至于训到高潮处眼睛发红,并含着闪闪泪花。作为学生,我们经常感到无地自容。胡老师教语文课，也与其他老师不同。他是很有自己的思想和见解的。印象最深的一点是，他不止一次地强调，中学语文教学，应该侧重于"语（语言）"而非"文（文学）"，理由是，语言是基础，每个中学生都必须学好；文学是修养，需要培养，但它是更高的追求。因此，在胡老师的语文课上，"咬文嚼字"是常态。如果说我今天的文字功底还算可以，胡老师给我的帮助应该是最大的。

经过了一年艰苦的复习准备，1981年再次走进考场我的，虽然压力更大了，但毕竟基础充实了不少。尤其是语文、历史两门课的成绩突飞猛进，补了短板。因此，高考成绩虽不是最好的发挥，但还是高于重点分数线（重点线408分，我考了417分）。得偿所愿。

三、我的大学：杭商印记

　　大学上了杭州商学院，不知道算是偶然还是必然？1981年高考之后，在还没有出分的情况下，学校就让我们填报志愿了。由于数学考试中感觉有两三道题结果不太对，以为数学成绩不是太好，就没敢填报财经类院校（当初只是听说财经类专业对数学成绩要求较高，尽管不知真假）。但是，当拿到高考成绩时，数学还是得了90分，虽不理想，但也没有预料的那么惨。为此，在县教育局安排体检的过程中，我壮大胆子问班主任胡老师，可否重新填报志愿。胡老师没有当即回答我，但没过多久他就让我重新填报志愿了。我家离上海最近，其次是杭州和南京。为了节省上学路费，我们填志愿尽量以上海为中心，以杭州、南京为半径。按此原则，一本第一志愿填了南京大学历史系；二本第一志愿就考虑在上海财经学院（现上海财经大学）和杭州商学院（现浙江工商大学）之间选择一个。当时根本不知道它们有什么不同，只是听说我们其林中学有一位考分比较高的学长上了杭州商学院，觉得应该是不错的大学，就把它填为第一志愿了。我的考分虽然高于一本线，但离南京大学录取要求还

1983-10大学班级同学秋游合影

是差了几分,因此,就如愿被杭州商学院录取了。

1981年,我们农村是根本没有电话的。大学录取通知书到了县教育局(招办)之后,通过县广播台广播通知。记不清具体是哪一天了,但很清楚是炎炎夏日的午后,我和家人都正在睡午觉,突然听到广播里念到我的名字,全家人瞬间都站了起来,欢呼雀跃。随即,我就冒着酷暑,骑行近三十多里,来到县教育局领取录取通知书。教育局的工作人员我当然都不认识,但他们都毫无架子,居然还允许我看了南京大学在我们县录取的学生名单:共录取文科考生四名,

1984-03 大学同学宜兴合影

其中分数最高的超过了430分,但后两位分别只比我的考分高了7分和8分。也就是说,如果我当年能够多考7、8分,就很可能进入南大学历史了,也就用不着等到1988年研究生毕业才与南大结缘了。

我当初填志愿时,只是填了杭州商学院的"企业管理系",没有填具体专业。因为,那时候我们拿到的全国高校信息资料,也就是一张报纸那么大,信息很笼统。我领到的录取通知书上,写的也是"企业管理系"。拿到通知书之后,第一件事情就是专程去班主任胡老师处报喜,并表达谢意。临别时,胡老师还跟我半开玩笑地说:"待你大学毕业,回到我们县百货公司当经理之后,我找你买辆自行车"。就这样,怀着当经理的梦想,上大学去了。

上大学之前,我从未出过县门。从家乡海门到杭州,其实只有300公里左右,现在也就是三个小时的车程。但是,在那个年代,交通不便,颇费周折。从家出门那天,赶上下雨,从村里到镇上的四、五里土路,泥泞不堪。我自己背着一个包袱,其余的行李,包括一个木箱子,以及棉被、草席、脸盆之类的生活用品,由我两个姐夫用扁担挑着。到了镇上,坐上二等车(载客的自行车,相当于今天的出租车),一个多小时之后,到达青龙港码头。从这里,坐客轮前往上海十六铺码头。客轮需要绕过崇明岛,进入黄浦江,最终抵达十六铺码头。我三舅舅在上海工作,到了舅舅家,借宿一晚。次日舅舅把我送上火车。舅舅很瘦,且已年届花甲,但对我照顾有加。到舅舅家之后,舅舅准备了非常可口的晚餐，记得有白斩鸡、毛豆炒酱瓜等。舅舅家的房子其实很小，是个阁楼。晚上需要把折叠的餐桌收起来，然后打上地铺。舅舅对我以及其他晚辈都是很好的。不幸的是，舅舅刚退休不久，就因为中风而去世了。那时我刚参加工作，还没有太多机会报答舅舅，至今都觉得特别遗憾。

抵达杭州火车站，刚出站迎面便是杭州商学院接待处的横幅。接站的老师和学长非常热情地招呼着我们这些肩挑背扛的农民工似的新生，心里感觉无比甜美。到了学校，宿舍和床位早就安排有序。一个寝室7位同学。我们寝室有三位来自浙江，两位来自安徽，一位来自福建，还有一位便是来自江苏的我了。大家的普通话都不怎么标准，有些字词口音还很重，闹出了不少笑话。不过，刚入学时的"卧聊"信息量很大，但也不乏吹牛的，真假难辨。

入校之后，我们才知道自己被分在"财务与会计"专业。企业管理系还有"企业管理"和"计划与统计"两个专业。企业管理专业的同学明显自我感觉最好，以为毕业后就能当商业公司经理。计划与统计专业的同学自我感觉也还不错，想象毕业后能够进入政府或商业公司的计划与统计部门，还是有点儿权力的。唯有我们这些分到财务与会计专业的同学，感觉最是不好的。会计在那个时候的社会形象，就是戴着老花镜，拨着算盘珠的账房先生。因此，当第一学期上高等数学和政治经济学等课程时，几乎没什么人觉得有必要学的。那时,我们真的无法理解如此简单的会计工作,加减乘除就足够了,有啥必要学习高等数学、政治经济学等课程呢?尽管系主任、班主任等老师给我们做了多次"专业思想教育",但似乎作用甚微。所以,大学的第一个学期,多数同学是在迷茫中度过了。看小说、打球、玩耍是常态。

刚入校时,并不了解杭州商学院的历史背景,但慢慢地就知道一些了。杭州商学院是在中专杭州商业学校基础上升为大专而后本科。1979年招收了第一届大专学生,1980年招收了第一届本科学生。我们1981年入学的便是第二届本科学生。由于是这样的历史背景,校园并不大。就我而言,由于高中校园不大,没觉得大学校园太小。但有些同学就读的高中是牛校,校园大,就抱怨大学还没有中学大。我暗自思忖,自己没有上校园太大的中学也是有好处的,呵呵。

我们班是幸运的,先后有过三位班主任,而且都对我们格外关心。我们的班主任王亚敏老师,刚留校不久,第一次做班主任工作。可能是因为还没有班主任工作经验的原因,学校还给我们班配备了副班主任(确切地说,应该叫"顾问班主任")李理老师。李老师其时已经是学校团委副书记,性格温和,但有威严感。日常,主要是王老师负责我们班的班主任工作,但遇到疑难问题,李老师也会出马。后来,王老师生孩子期间,教我们班《商业会计》的沈炎雄老师又担任了我们班的临时班主任。三位班主任老师与我们班同学接触最

1985-06 大学毕业班级合影

多，联系最多。即使是毕业之后，不少同学还是与三位班主任老师保持着联系。每每组织班级聚会，也必然邀请三位班主任老师一同出席，其乐融融。

自从计划招收大专和本科学生之后，学校从全国各地引进了不少优秀的老师，基础课和专业课的老师都有。但是，也有不少老师就是原来中专时期的老师。为了适应本科教育的需要，学校先后安排这些老师去国内一些重点大学进修学习。当然，原有的老师中也不乏教学十分优秀者。教我们班《高等数学》的何老师（具体名字想不起来了），教学特别认真负责。班上同学数学基础参差不齐，何老师经常利用课余时间安排辅导。教我们《商业经济学》的金家麟老师，讲课风趣幽默，深入浅出，深受学生欢迎和爱戴。金老师嗜烟如命，通常每天得抽三盒。因此，不仅课间抽，讲课过程中也要抽。为此，金老师总是在开课前笑眯眯的跟同学打个招呼，说是习惯了。要是不抽烟，这课也就讲不好了。大家觉得很可爱的，也就从未有人提过什么意见。

大学二年级开始了专业课学习。教我们班《会计学原理》课的陈开先老师，实践经验非常丰富。在来校任教之前，是镇海炼化（今为中石化集团的子公司）的会计师。那时，拥有会计师职称是很稀罕的事情。陈老师给我们讲课时，经常举例说明问题。但是，由于我们对企业生产经营业务和财务会计工作实践一无所知，无论怎么举例，许多问题我们还是难以理解。到了期中考试时，大家就傻眼了。不仅会计分录好多不会编，就是一些概念性、原理性的问题，也不甚明了。成绩下来，不及格者无数。也许我就适合学会计专业，那次考试我是班上仅有的几个超过 80 分的同学之一。

由于我们学校是商业部所属的大学，商业会计是我们专业课中的核心课。教我们班《商业会计》的沈炎雄老师，是学校从新疆引进的，比我们进校还晚一些。沈老师无论讲课还是讲话都慢条斯理，但表达清晰，逻辑性强。因此，听沈老师讲课，容易听懂，也便于记课堂笔记。为了节省时间，提高教学效率，沈老师总是将一些课程教学中举例时需要展示的数据计算表格，在课前准备好，用粉笔工工整整地写（画）在可卷起来的软黑板上，带到课堂，随时调用。沈老师给我们班讲了两个学期的专业课，加之又担任过我们班的临时班主任，对我们班的每一位同学都很了解，也很关心。在我们毕业之前，沈老师又担任了我们的系主任。多重身份、多重关系，决定了沈老师与我们班的不解之缘。

在我大学三年级的时候，沈老师就跟我表达了希望我毕业后留校任教之意。当时，第一反应是感激，尽管之前就知道沈老师对我相当的器重。但是，由于自己没有做老师的思想准备，因此我也不知道怎么回答。经过一段时间的思考，我觉得，即使将来做大学老师，那也应该是在读完研究生之后，本科毕业就教本科，总感觉底气不足。再说了,当时真的是没有做老师的考虑。但是,我又不好意思拒绝沈老师的美意。于是,我就跟沈老师说打算考研究生。沈老师十分善解人意,当他知道我打算考研究生时,就没有再勉强我留校任教。再后来,沈老师知道我打算报考中国人民大学会计学专业研究生,也当面表示了支持,并给予了充分的鼓励。沈老师又是含蓄的,有些话他会藏着不说的。在我毕业多年之后,老班长林兴同学告诉了我一个秘密。在我准备考研的过程中,沈老师与湖北财经学院(今中南财经政法大学)有关老师沟通之后,获得了一个"委培"名额。也就是说,如果我报考湖北财经学院,万一考分不够高,无法正常录取,就可以作为"委培生"录取,毕业后回母校任教。沈老师这样做,既是为学校师资队伍建设考虑,也是为我个人的前途考虑。因为,那时研究生录取率很低,考研风险很大。如果我当初知道有这个"委培"名额,就很可能选择报考湖北财经学院了,从而可以大大降低考研失败的风险。但是,沈老师或许是对我考上中国人民大学比较有信心,也就始终没有跟我提起过那个"委培"名额的事情,直至今天都没有提起过。所以,当林兴同学跟我讲了这个秘密之后,对沈老师的感激和尊敬程度倍增。

大学期间,我们除了学习我国的会计课程之外,也学习了一些西方财务会计。当时用的教材是上海财经大学娄尔行教授主编的《资本主义企业财务会计》。给我们班讲这门课的是贺彬老师。贺老师是上海人,有亲戚在美国。记得有一次贺老师跟我们说,他家美国亲戚问贺老师在大学教什么课程,当得知是教授会计专业课程时,美国亲戚竖起了大拇指。贺老师原本想以此说明会计职业在西方国家是很有社会地位的。然而,我们听了却一脸茫然,将信将疑。因为,那时我国会计是社会中很不起眼的小角色,我们怎能想象会计在西方社会的重要性呢?

大学四年,我不仅学到了专业知识,也使自己变得更为成熟和进步了。这方面,我们的党总支书记张锡华老师对我的帮助和影响是很大的。张老师特别细心,几乎能够认识我们系每个班级的所有同学。我和张老师最为近距离的接触,是在大学三年级实习打前站时。张老师带着我去浙江湖州打前站。那时住的招待所条件比较简陋,而且张老师与我同住一个房间。记得晚上我打开收音机调电台的时候,调到了莫斯科中文台。张老师听到之后,就让我不要听那个台。其实,以前我也从来没有听过外台,那次不知怎么回事碰巧调到那个台了。张老师的提醒,让我意识到什么是政治觉悟高。在生活中,张老师特别谦和,没有距离感。在我们心目中,张老师似乎也似我们班主任一般的亲近。作为党总支书记,张老师十分关心我们的思想进步,常利用机会找我们谈心,也要求我们写些思想汇报。作为班级的学习委员,学习成绩比较突出,其他方面的表现也还不错,因此,在张老师等的鼓励下,我在大学三年级就提交了入党申请书。但是,直至临近毕业才入了党。当时也不清楚是什么原因,还以为自己哪些方面做得不够好,因而需要进一步考察。后来才知道,其实是因为党组织需要到我家乡进行政审。在此过程中，张老师和其他相关老师一定是做了许多细致的工作，了解清楚了我的家庭情况，才使我在大学毕业前夕顺利入党。

大学期间，我们班级编号是"会计8103"（简称"会3班"）。其中，"会"代表会计专业，"81"代表年级；"03"代表3班。当时班级序号是从第一届本科（即80级）班起连续编号的。会计专业80级有两个班，分别是01、02，我们81级也有两个班，分别是03、04。我们会3班在校期间比较"低调"，很少获得集体荣誉。印象中，只有两个方面获得过集体荣誉，一是班级黑板报，多为第一名，这主要归功于黄建新同学（现浙江财经学院副校长）的书画功夫；二是几位女同学在运动会上能够拿些不错的成绩。除此之外，应该没有什么好炫耀的了。但是，在我们行将毕业之际，我们会3班实现了成功逆袭：班上有五位同学考上了研究生，创造了学校历史记录。除了我考上了中国人民大学之外，陈信元考上了上海财经大学，吴卫军考上了对外经济贸易大学，陆华裕考上了财政部科研所，涂必玉考上了北京工商大学。为此，我们的班主任老师尤其感到欣慰和骄傲。这五位同学中，涂必玉同学回母校任教；陈信元同学留在上财了，现任副校长；吴卫军同学成为了普华永道的合伙人；陆华裕同学回到其家乡宁波财税局工作，后来成为了宁波银行的董事长。事实上，我们班其他好多同学，也都在各自的岗位上取得了很不错的成绩，为我们这个班集体增添了光彩。

我的大学四年，总体上是过得充实和愉快的。由于母校在那时还没有招收研究生，因此，老师们将所有的时间、精力和关爱都贡献给了我们本科生。这不仅使我们专业上奠定了比较扎实的基础，而且使得我们有机会深度接触许多老师，从而在师生之间建立起了真挚的情谊，值得终生珍惜和回味。2016 年，母校还授予我"首届杰出校友"荣誉称号，再次深深感受到母校对我的关怀和鼓励。今后唯有不断努力，方能不负母校期望。

四、研究起点：人大情缘

报考研究生之所以选择中国人民大学（简称人大），除了因为其学校综合实力和会计专业在全国的领先地位之外，一个直接的原因是我的两位学长（王永利和罗关良）考上了中国人民大学。他们不仅给了我信心，也分享了考研准备的经验。此外，还有一个附带的考虑是，到了北京可以有机会观看1987年在北京举办的世界羽毛球锦标赛。那是，丹麦名将弗罗斯特誉满全球，中国名将杨阳如日中天。他俩进决赛争冠是大概率事件。后来的事实果真如此。我也如愿观看了这场比赛。这是我有生以来第一次在现场观看的最高水平的体育赛事，难以忘怀。

如前所述，我报考研究生的初始原因是为了避免本科毕业留校任教。因此，在进入研究生学习生活的初期，并没有打算将来从事教学和研究工作。但随着时间的推移，居然慢慢喜欢上了研究。

研究生第一学期，除了一些基础课程之外，有一门课程名称为"会计理论"的专业课程。这是一门由会计系（其实，当时还是财政系，会计系是1987年从财政系分离出来独立成系的。为了叙述方便，以下就都称"会计系"了）多位知名教授主讲的专题课程。第一堂课的主讲者是会计系资深教授赵玉珉老师。赵老师讲的主题是"会计原则"，从西方会计原则的发展历史过程，到中国会计原则建设的构想，赵老师不疾不徐，娓娓道来。赵老师为人非常低调和谦和。在给我们班讲完这堂课之后，就没有再给后面的班级讲课，过上了退休生活。由于退休得早，后来会计学界的一些年轻人，就可能不是十分了解赵老师了。不过，那个年代许多学生在学习会计学原理课程时，很可能是学习了赵老师与黄代民老师联合编著的《会计学原理》的。该教材在全国许多高校广为使用，发行量大，影响面广，是那个时代最具影响力的会计学原理课程教材之一。赵老师虽然只给我们讲了半天课，但对我们学生十分热情和关怀，和蔼可亲。赵老师家住静园（当时，人大教师多住在校园内，主要有静园和林园两个宿舍区），我还不止一次登门拜访，赵老师总是热情接待，并循循善诱地给予指导。那个年代，由于教师没有办公室，学生找老师请教问题，去老师家是常见的方式。有些小班课程甚至都会在老师家里开讲。现在看起来似乎有些不够正式，但在当时，大家习以为常。并且，这种在老师家授课的方式，以及有问题去老师家请教的做法，客观上有助于拉近师生之间的距离，增进师生之间的感情。

在《会计理论》这门专题课中，阎达五老师的"戏份"最多。

第一部分 个人学术自传

1985-10中国人民大学财政系85级研究生秋游合影

在我们入学之前，阎老师刚出版了著作《会计理论专题》。因此，阎老师给我们讲的几次专题课，基本脉络和核心内容都已反映在该书之中。虽然我们在课程中就已初步读过阎老师的这本著作，但听讲和阅读的收获还是有很大的区别。阎老师讲课慢条斯理，给人感觉是，每讲一句话都包含着深刻的思考。阎老师不唯书，善于观察和分析企业会计实践，全面总结我国企业会计实践的历史演进，认为会计不仅仅是简单的记账、算账和报账，不仅仅是企业管理的工具，会计工作本身就是一种重要的管理活动。我们研究生第一学年，阎老

1987-07 研究生毕业合影（说明：本人为三年制研究生，毕业时间为1988年7月；但同时入学的两年制研究生班同学毕业于1987年7月）

师家住北京师范大学（师母是师大的老师）。即便如此，我还是去了阎老师在师大的家中请教问题。后来，学校考虑到阎老师工作实在太忙，就在静园给安排了一个小套，供阎老师休息和接待访客、学生等工作之用。巧的是，阎老师在静园的宿舍就在赵玉珉老师家的对门。赵老师比阎老师年长不少，但是，每当知道阎老师因工作忙而午餐没有着落时，总是要请阎老师上他们家一起用餐。不过，阎老师也有自己的做饭工具：电炉。一个跟我们学生宿舍偷偷使用的电炉别无二致的再普通不过的电炉。这是阎老师应急时煮快餐面的工具。阎老师的生活就是如此简单。记得有一次中午去静园宿舍找阎老师请教专业学习和研究问题，阎老师刚从系里回到宿舍，还没有用午餐。但阎老师还是跟我聊了个把小时，不紧不慢地解答了我提出的所有疑问。交谈过程中，阎老师还跟我讲起了来自西安某企业的一位会计实际工作者的信函，中心内容是与阎老师讨论和请教关于会计在企业管理中的角色和作用问题。阎老师说，回复类似的信函，是他工作的一部分。虽然要花去不少时间，但既帮助了别人，也有利于自己深入了解会计实际工作者对会计的认知。慢慢地，我也就更为理解为什么阎老师对会计问题的研究如此贴近会计实践，如此接地气。从阎老师的讲课、著作和日常交谈中，都能深深体会到一个伟大的会计学者所做的会计研究，不是"饭碗式"的研究，不是"无病呻吟式"的游戏，不是满足于简单介绍国外情况，而是扎根于中国实践的富有情怀和责任感的深度思考和上下求索。

《会计理论》课程要求我们在课程结束之后提交一篇课程论文。我提交的课程论文是《社会文化环境与会计》。在初步考虑选择这个题目之后，专门约时间向阎达五老师请教这个问题是否值得研究，得到了阎老师的肯定和鼓励。论文写成提交之后，阎老师也给予了充分肯定和好评，课程成绩是"优"。如果没有记错的话，我们年级19位同学中该课程成绩得"优"的只有三位。因此，还真的有些小得意。在征求阎老师意见之后，还斗胆将此文向《会计研究》投稿了。尽管该文最终没有能够被《会计研究》采用，但它确实激发了我对会计研究的热情。

让我感受到阎老师做事严谨和认真的另一件事情是，中国会计学会1987年年会在北京召开。作为负责学会科研工作的副会长，阎老师需要负责的会议工作内容之一是会议简报的编写和印发。为此，阎老师把我带去会场，做会议记录，并根据会议记录整理之后，起草会议简报。当我将起草的会议简报誊写清楚交给阎老师之后，阎老师进行了非常认真、细致的修改。阎老师对会议简报要求很高，经他修改之后的会议简报，我读后感觉就是表达得十分精炼、准确、清晰和严谨。这种字斟句酌的写作习惯，对我产生了极大的影响，受益终生。

我的硕士导师是田源教授。田老师指导了两个学生之后就退休了。王永利是他的开门弟子，我是他的关门弟子。田老师是研究商

2015-08 研究生同学相识30周年聚会合影

1987-05 首届北京地区研究生会计学术研讨会合影

业企业会计与财务管理问题的。永利师兄和我本科都是学习商业会计的。应该是基于本科专业背景的考虑，我们入学后就先后被系里安排跟随田老师学习和研究商业企业会计与财务管理问题。田老师性格温和，待人和善，治学严谨，爱生如子。田老师家住在南礼士路地矿部宿舍（师母单位分配的住房），离人大还是比较远的。有课或会议等工作时就骑自行车来学校，平时在家办公。我们有学习和研究问题需要向老师请教时，也就骑车去老师家里。记得第一次去老师家里是周中某日的下午，交谈甚欢，以至于师母下班回家我们还在聊。跟师母打过招呼之后，本想道别返回学校了，师母却让我留下吃饺子。作为南方人，不会做饺子，总觉得做起来很费时费力的。但师母从剁馅、和面到饺子上桌，前后不超过一个小时，大大出乎我的预料，感觉像在变魔术似的。

田老师给我至深印象的事情有两件。第一件事情是教学实习。在研究生学习期间，学校有教学实习要求。通常的做法是，在导师所担任的本科课程的教学过程中，在导师指导下讲三五次课。田老师给本科生讲《商业会计》课。因此，就安排我在其中讲一部分内容（记得有"固定资产"等内容）。让我感到困惑的是，该班学生除了已经学习《会计学原理》课程之外，也已经学习了《工业会计》课程。虽然商业会计与工业会计的制度存在一些差异，但毕竟主要的原理和方法是比较相似的。因此，我认为学生应该已经很熟悉这些问题了，就特别担心讲授《商业会计》会与《工业会计》中已经讲过的相关内容产生重复。为此，就专门去田老师家里讨教。田老师听了我的这些考虑之后，笑哈哈地说，你别以为学生学习了《工业会计》课程就真的充分理解和完全掌握了该课程所教授的原理和方法，学生对一些问题的理解可能是一知半解的，甚至还可能存在错误的认识。因此，有些问题即便有所重复，也未必是个问题，重要的是要讲得有自己的思想和逻辑。也就是说，讲什么是一件事，如何讲是另一件事，应该在"如何讲"上多下功夫。当然，商业企业有别于工业企业的会计制度特征，决定了不可能是简单重复《工业会计》课程的内容。在认真听取了田老师的意见和建议之后，我

1985-10 与王化成同学在中国人民大学校园合影

认真准备了教学内容，试讲的效果还真的不错。至少，学生没有反映我的教学内容明显重复了《工业会计》的相关内容。这件事，让我相信了教学是一门艺术。

第二件事情是毕业调研和毕业论文写作。学校为了鼓励研究生进行社会调研，每人可以最多报销 400 元调研费用。这在当时是一笔相当大的预算了，相当于本科毕业生入职第一年半年多的工资。田老师要求我在具体写作毕业论文之前，进行企业实地调研。经与田老师讨论，最终确定去成都、重庆、武汉、南京、上海、杭州等长江沿线主要城市的商业企业进行调研。之所以这样安排调研路线，一是因为武汉等城市的商业改革走在全国前列，比较有代表性；二是因为坐船比较便宜。出发之前，会计系给我开具了多份介绍信，以便与当地商业局（商业企业主管部门，当时还区分一商局和二商局）联系之用。经由商业局介绍，进一步到具体的商业企业进行调研。除了介绍信，田老师及会计系其他有关老师，还给上述城市商业部门的一些熟人写了亲笔信，拜托老师的熟人给我的调研予以关照。由于田老师和其他相关老师的细心安排，所到之处都还比较顺利，了解和搜集了商业企业改革过程中的一手资料，与诸多商业企业会计与财务负责人进行了深度交流，收获颇丰。经过一个月时间的实地调研回到学校之后，首先是整理和撰写调研报告，并在此基础上拟定毕业论文写作纲要。我的硕士论文研究的是商业企业承包经营制试点企业的财务管理问题。话题很现实，问题很具体。初稿形成之后，田老师反复质疑，我不断修改。当然，有些问题也少不了田老师亲自操刀进行修改。记得在论文反复修改的过程中，田老师怕我没有耐心不断修改和完善，就将他即将在人大出版社出版的《商业企业财务管理》一书的校样拿给我看，让我了解他是如何校对书稿的。我发现，田老师不仅进行文字、标点等的校对，而且还将校对过程中发现的一些其他问题也一一进行修正和完善。受此影响，我对毕业论文的修改也基本做到了不厌其烦，最终通过了导师的审查，答辩也顺利通过。

人大会计系的老师，无论是否自己的导师，无论是否担任过我们的课程教学，无论熟悉程度如何，都对学生十分关爱，热情帮助。我们的班主任张孟春老师，对我们学习和生活中的点点滴滴都关心备至。我在研究生一年级时担任了团支部书记，与张老师沟通较多。张老师总能很耐心地听取我的工作汇报，帮助我解决工作中遇到的困难和问题。每当遇到需要系里提供帮助的事情时，张老师总能帮助我跟系里有关领导和老师进行沟通和协调。张老师对我的工作给予了很正面的评价，在系党总支、团总支书记面前美言不少。正是因为张老师的积极推荐，使我在研究生二年级时当选为系研究生会主席，从而在工作中得到了更多的锻炼和提高。阎金锷老师、王庆成老师、贺南轩老师、王景新老师、顾志晟老师、白肇鲁老师、温坤老师、王德升老师、黎文珠老师、朱小平老师等，也都给了我许多教导、鼓励和帮助。所有这些老师的家里，我都去打扰过，回忆起来依然感觉十分的亲切。

1987年，我在担任系研究生会主席期间，联合在京的其他几个单位的会计学专业研究生，举办了一次学术会议——"北京地区研究生会计学术研讨会"。筹备组织该次研讨会的单位主要包括：中国人民大学会计系（现中国人民大学商学院会计系）、财政部财政科学研究所（现财政部中国财政科学研究院）、中央财政金融学院会计系（现中央财经大学会计学院）、北京商学院会计系（现北京工商大学商学院会计系）、北京经济学院会计系（现首都经济贸易大学会计学院）等。今天依然活跃于会计学研究和教学工作的王化成、孟焰、谢志华、

1999-11阎达五老师七十华诞庆贺会

汤谷良、杨有红等,都是当年的积极参与者。按照我们最初的计划,参加者仅限于北京地区的会计学专业研究生。但是,会议通知发出之后,由于"走漏"了消息,还吸引来了厦门大学会计系的孙宝厚(其时博士即将毕业)和陈箭深,以及湖北财经学院会计系(现中南财经政法大学会计学院)的张龙平等。由于是初次组织学术会议,没有任何经验,会议召开的条件是十分简单的,但给大家留下的印象却十分深刻。当时参加了会议的同学,迄今遇到还常提起那次会议的难忘瞬间。为了组织那次会议,我去找阎达五老师申请会议经费。阎老师说他不管经费,建议我去找两个教研室主任去"化缘"。分别

1996-06 与导师阎达五教授和师母林熹教授苏州合影

是工业会计教研室主任阎金锷老师和商业会计教研室主任黎文珠老师。按照预算，我分别向二位老师申请经费 100 元。记得去阎金锷老师家的时候，阎老师正在用晚餐，说明来意之后，阎老师虽然说教研室经费也不宽裕，但还是答应支持我们的会议。次日中午又去黎文珠老师家里，也如愿以偿。有了 200 元的经费，我们就正式启动了会议的筹备工作。会议召开了一整天，是在学校教学楼的一间教室进行的。由于是教室，也就没法布置主席台，只是请老师们在前排就座，着实是委屈和怠慢了前来与会的各位前辈老师。老先生们倒是没有因此表现出任何不悦，而是乐呵呵地致辞，鼓励和支持学生们首次组织的跨院校的学术会议。前来致辞鼓励的老先生包括人民大学两位阎老师及王庆成老师、中财的李天民老师、首经贸的王又庄老师、北工商的刘恩禄老师等。

人大的三年研究生生活，开启了我的会计研究模式。虽然那三年间公开发表的 7 篇论文，即便在当时看就比较粗浅，现在看更是觉得相当幼稚。但是，这些粗浅和幼稚论文的发表，至少表明自己初步具备了专业论文写作的基本能力。我的处女作《论民间会计与商品经济》发表在《辽宁会计》1986 年第 1 期。该期首篇论文的作者，是时任辽宁大学会计学教授的王文元老师（其后，先后担任辽宁大学副校长、辽宁省副省长、监察部部长）。我的处女作紧随其后，倍感荣幸。清楚地记得，处女作还给我带来了 32 元的稿费。这在当时大抵相当于大学毕业生半个月的工资。

人大给予我很多美好的回忆。其中，最为突出的是，人大的老师都特别有人情味。他们如同家长一般关心和爱护着学生。所以，即便在研究生毕业已近三十年的今天，回忆起在人大的研究生生活依然感到无比幸福。当然，这也使自己与人大结下了不解的情缘。1997-1999年间，我又十分荣幸地在阎达五老师门下从事了两年博士后研究。由于南京大学的工作需要，我是以在职博士后身份进入人大博士后流动站的，但作为阎老师指导的第一位博士后，阎老师给予了十分周全的安排。两年间，每学期都会专门上北京向阎老师请教专业问题，与阎老师讨论研究方向。阎老师建议我在博士后期间还是沿着我博士阶段（南京大学在职博士，阎老师是联合导师）的研究方向，重点研究财务战略问题，尤其是上市公司的融投资战略问题。阎老师这样建议，既是因为他老先生洞察到了资本市场发展带来的财务管理方面的许多研究机会，也是因为顾及我的研究兴趣。作为导师，阎老师是严谨的，但又是善解人意的。阎老师与我合作完成的《论财务战略的相对独立性》（发表于《会计研究》2000年第9期），成为师生博士后合作研究的纪念。行文至此，还想特别写上一笔的是，导师和师母（林熹老师）对我的关心是全方位的。每次从南京来到北京，除非参加会议统一安排会议住宿，否则，几乎都是住在导师家里。每次都要辛苦年迈的师母特意为我铺床，事后想来真的感到有些过意不去的。

阎老师不仅善于培养学生，还善于夸赞学生。由于我在南京大

1996-06 全家与导师阎达五教授和师母林熹教授南京夫子庙合影

学工作 11 年之后，于 1999 年转至北京大学工作。在阎老师看来，我走出的每一步都是很有计划的，而且走得甚是扎实。因此，当我来到北大工作之后，阎老师就要求他身边的学生（包括正在攻读博士学位的学生，以及早就留校任教的学生）向我学习，规划好自己的学术生涯。这话从不止一个师兄弟口中传来，让我既受宠若惊，又羞愧难当。事实上，我走的每一步，都是顺其自然的结果，并没有什么刻意的规划，也算不上特别的成功。如果说还算顺利，那也主要是得益于老师们的教育和培养。所以，我只好跟师兄弟们回应说，这是阎老师对我"美丽的误解"。衷心感谢阎老师！

五、成家立业：南大启航

如果仅仅就个人的意愿考虑，研究生毕业留在人大任教是最自然的事情。人大会计系的老师们也都非常希望我能留校工作。但是，最终却是来到了南京大学任教。其中的原因是多样的，主要包括：(1) 避免两地分居。我爱人在南方工作，如果想调北京，户口一时难以解决，中短期内似乎也看不到希望。因此，如果我留校任教，就会面临较长时期的夫妻两地分居，给家庭生活带来诸多不便。(2) 照顾父母感受。我是江苏人，父母年迈体弱。我非常了解和理解父母希望我能够离家近一些。如果回到江苏工作，即便不在父母身边，离家近一些总会让双亲心里感受更好一些。(3) 难却南大盛情。我虽为江苏人，但由于没有在南京读大学，故对南京了解甚微。南京大学久负盛名，但也没有太多具体的了解。机缘巧合，南京大学企业管理系的党总支书记潘忠哲老师曾担任南京大学郭影秋校长的秘书，而中国人民大学财政系（会计专业在1987年前属于财政系）党总支书记李春景老师也曾担任中国人民大学郭影秋校长的秘书。潘老师与李老师因此一直保持着联系。由于我担任系研究生会主席期间与李老师接触较多,非常熟悉。有一次去李老师办公室,李老师问我是否愿意去南京大学工作(事后才知道是南大潘老师请李老师推荐的)。当初以为李老师跟我开个玩笑的,就随口说"可以啊"。就这么一说,南大方面很快就与我正式联系了。先是由系人事办公室的王敏竹老师与我联系。王老师在知道我有一些考虑的意愿但又不能确定的情况下,就将情况跟潘老师和周三多老师(时任企业管理系主任,"国际商学院"筹备负责人)作了汇报。自此之后,周老师就与我直接联系了。周老师利用到北京参加教育部会议等机会,先后三次来到我们宿舍与我沟通交流,介绍南京大学总体情况,尤其是重点介绍了筹备中的"国际商学院"的规划蓝图。周老师穿着朴素,言谈诚恳,求贤若渴,事业至上。三次接触下来,我已被周老师深深感动。以如此诚意来打动一个年轻人,这在当时是十分罕见的做法。以至于我同宿舍的同学都不相信周老师是南大系主任,因为他们觉得堂堂南大系主任怎么可能这样"三顾茅庐"?可事实就是如此。而且,周老师还诚意邀请我在寒假回江苏探亲时,先去南大停留几天,看看南大校园。我后来还真去了。系里热情接待,安排我住在学校招待所。南京大学是一所文理综合的全国重点大学,学术氛围浓郁的校园,深深地吸引了我。经过实地"考察"之后,我就打定主意选择南大了。周老师工作繁忙,但细心体贴。他知道我们刚领了结婚证,特意准备了一本粉红色封面的相册送给我们,亲笔题写了祝福语,着实给我们带来了不小惊喜和阵阵暖意。南大和周老师的诚意和盛情还不止这些。由于我爱人本科毕业就留校(安

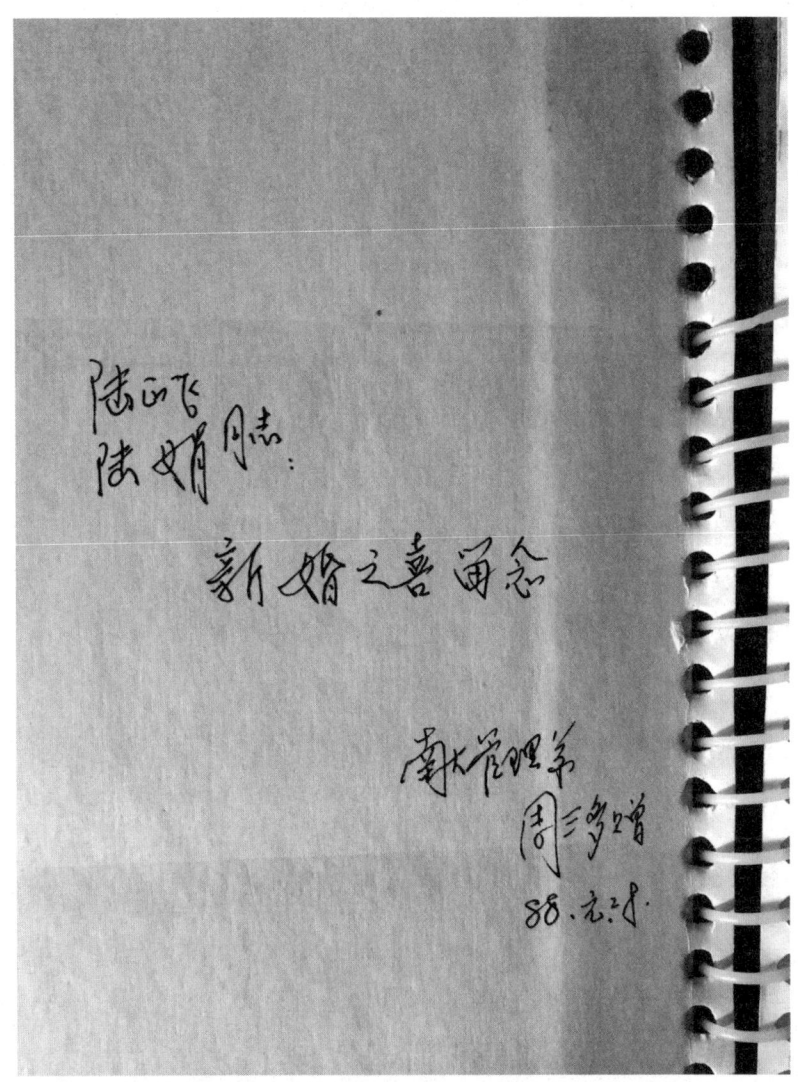

1988-01南京大学管理系主任周三多教授赠送影集之祝福语

徽财贸学院，今安徽财经大学）任教，是商品学系的助教。为了彻底消除我的后顾之忧，周老师想法设法说服学校人事部门领导，答应将我爱人调至南京大学任教。这在当时的南大是一个破天荒的做法。尽管她的专业（商品学）对于商学院的教学还算是用得着的，但那时的她毕竟只有本科学历和助教职称，且非重点大学出身。这样，我就义无反顾地与南大结缘了。

虽然上述三方面原因中，前两个原因确实也在考虑之中，但很显然，第三个原因才是关键。而在第三个原因中，关键又是周老师的人格魅力。任何一个组织，如果领导有热情，有事业心，组织成员只要跟着这样有正能量的领导努力工作，离成功也就不会太远了。

从人大毕业初到南大工作，还是有一些不太适应的地方。其中，最大的不习惯便是会计学类书刊资料的匮乏。当然，这是相对于人大的馆藏而言的。在人大，不仅学校图书馆藏有很多会计学类的书刊，而且系资料室也有很丰富的资料收藏。资料室几位老师还会根据系里老师们的教学和研究工作之需，有针对性地编辑一些教学参考资料和研究资料。这当然与人大会计学专业学科建设历史悠久有关。而在南大，我刚去工作时，会计学教研组只有十来位老师，多为本科毕业留校任教的年轻教师。至于学生，那时只有两年制的大专班。所以，图书资料方面确实缺少积累。总量不多，品类不齐，适用性自然就不会太强。记得入职第一学期学院组织了一次青年教

1991-11 南京大学北大楼前全家合影

1999-06 南京大学硕士生论文答辩师生合影

师座谈会，让大家对学院工作提提意见和建议。我在会上别的没说，但就会计学类书刊资料匮乏问题提出了中肯的意见和建议。之后，有一次去资料室查阅资料，不经意间听到资料室有位老师跟另一位老师说，上次给我们资料室提意见的就是"他"。我很震惊，但只好装着没听到似的。心想，初来乍到就摊上事儿了，这可不好。幸好，我说的情况属实，而且出于公心，是为会计学专业的学科建设考虑，因而得到了学院领导的重视，逐步加强了会计学类书刊的采编工作。

来到南京大学的第一学期，学院就安排我给研究生（南京大学与美国密苏里大学联合培养的 MBA 班）讲授《中西方比较会计》这门课。该班三分之二的课程由美方提供，全英文授课；三分之一的课程由中方提供。因此，学院安排给该班上课的老师，通常都是资深教授。只有我是例外。原因有二：一是因为当时会计教研室主任张世瑾老师去加拿大访问半年，不能任课；二是因为周老师对我的充分信任，在我确定去南大工作之后不久，周老师就跟我说希望我能担任这门课程的教学。那个班上近三十位同学，约半数是南大应届本科毕业直接读研的，另一半是有了几年工作经历的。他们的基本素质很好，平均年龄跟我差不多。应该说，第一学期就给这个班级讲课，我是有压力的。但是，为了不辜负周老师的信任，也为了锻炼自己，也就壮大胆应承下来了。为此，我利用暑假时间备课，开学时已经基本将整个学期的讲稿都准备就绪了。因此，开学第一堂课，我就将该课程的教学内容和进度安排写在黑板上。班上有三位同学（李云峰、吴元和秦霞红）其实已经是学院教师身份，在职读研究生。他们惊讶于我能在第一堂课就给定了教学进度，课间就问我怎么能做到这样的。当我说已经将整个学期的讲稿都已写就时，他们纷纷表示敬佩。后来我才知道，有些老师讲课习惯于"脚踩西瓜皮，滑到哪里算哪里"，没有确切的教学计划。也许是由于我的认真，

1996-06 南京大学博士论文答辩布告

我的教学得到了同学们的认同和好评。有一次去学院办公室，连学院会计董美霞老师都说"陆老师，听说你课讲得很好啊"。我心想，董老师怎么知道的呢？她接着告诉我，是听周老师说的。原来是周老师帮我做宣传呢，心存感激。当然，周老师不是主观评价，而是确实跟学生做了了解的。

第一学期除了教学，学院还安排我担任副院长杜文贞教授的秘书。杜老师主管学院科研工作，我的角色就是科研秘书，负责学院科研项目、科研经费、科研成果等事项的统计、填报和分析。由于对学院的历史情况缺乏了解，人头不熟，尽管我主观上是认真对待科研秘书工作的，但实际工作成效并不能令自己满意。杜老师儒雅大度，从不苛求。即使发现了一些科研统计数据与他了解到的情况有所不符，也就是很善意地提醒我可能哪里出了差错，而不会横加指责。

来到南大的第二学期初，由于原会计教研室主任李鸣老师担任了企业管理系副主任，系主任张保林老师就安排我担任会计教研室主任。张老师也是人大校友，文革后首届研究生，毕业于人大计划系。张老师日常不苟言笑，但待人和善。记得我家儿子刚满月不久，张老师就专门来我家表示慰问。虽然会计教研室只有十来位同事，但毕竟我是新兵，还没有作出什么成绩和贡献。因此，还是很有压力的。幸好，多为年轻人，干劲足，好沟通。但是，时间长了，发现这个

"官"还真不好当。这里略说其中一二吧。一是，别人不能或不愿承担的课程，我就只能兜底了。教研室教师人少，但需要承担的课程门类却不少。不仅有会计大专班的专业课，还要为经济学、国际贸易、金融学、企业管理、数量经济等专业本科生和研究生开设会计类课程。为此，在南大工作的十一年间，我除了没有系统讲授过审计学课程外，其他会计类课程几乎都讲过，包括会计学原理、工业会计、管理会计、外资企业会计、银行会计、西方财务会计、国际会计、比较会计、财务管理等。二是，学院与江苏省乡镇企业局合作举办了多年的"乡镇企业会计岗位培训"，教学内容主要由两个模块课程构成：乡镇企业会计和乡镇企业经济活动分析。前者由会计教研室负责教学内容设计、集体备课、师资安排等工作。教学点覆盖全省所有市县。因此，任课教师就需要利用周末时间奔赴全省各市县乡镇企业局巡回讲课。在那个年代，还没有高速公路，最好的情况就是一级公路，多数是普通公路。路况不好，车况更差。半路抛锚是常有的事情。去比较远的市县（其实也就三四百公里），通常需要在路上消耗一整天。有些老师会晕车，那就更是遭罪了。作为教研室主任，当派不出老师时，自己就不得不去顶上。当然，辛苦归辛苦，但这个培训项目确实也让老师们有了一些额外的收入。作为刚工作不久的我，这对于养家糊口还是很有帮助的。我家儿子是 1989 年 2 月出生的。要是没有一些额外的收入，仅仅凭每月 82 元的工资，不要说添置"固定资产"，日常生活都会比较拮据的。

1996-06 论文答辩后与导师周三多教授和阎达五教授合影

与其他重点大学一样,南京大学的教职工住房状况也是十分糟糕的。我们三口之家在南大的头四年,住房只有 9 平方米,位于南大南园小粉桥侧门口的陶园南楼一层。家里除了一张床之外,家具也就放不下太多了。餐桌是折叠的,吃饭时展开,饭后收起。否则,地中心就不会有任何空间了。书桌是不可能有地方搁的,写东西时就利用一个柜子的桌面。柜子高度不够,就垫上几本大部头的书。脚没地方伸,就打开柜门把脚伸进柜子里。我的第一本专著《比较会计》,就是在这样的条件下完成的。

陶园南楼里的房间有大有小,我的隔壁邻居是大学外语部的副主任霍老师,他家房子有近 20 平方米,让我们好生羡慕。但事实上,他们也是不易。他家有两个儿子,大儿子已上大学,二儿子在读高中。另一个比较年长的邻居是气象系的叶老师。他家有三个女儿,只好搭高低铺,如同学生宿舍一般。那时,隔壁的霍老师不止一次地劝我设法出国或下海,说是在南大这辈子都难求一个像样的安身之处。当时听了确实挺寒心的,也真想过出国。但是,1989 年春夏之交的政治风波之后,出国申请和签证变得更为困难了,成功率很低。鉴于家庭实际状况,后来也就只能放弃了这个计划。至于下海,虽然也有所考虑,但始终没有真正下过决心,或者说没有从商的兴趣。因此,也就在南大继续工作着了。记得在南大工作的第四年,在小粉桥附近偶遇三年前毕业的一位学生。这位学生见了我第一句话便是"陆老师,您还是在南大吧?"问得我不知如何回答是好。显然,

1996-09 获博士学位时与导师周三多教授合影

1996-09 获博士学位时的全家合影

在这位学生看来,在那个下海潮的年代里,像我这样依然守着学校的年轻人即使不能说是绝无仅有的,也是非常稀少的。可是,我就是这么守着,无奈地守着。我不愿意用"坚守"这个词汇,因为我内心是动摇过的。之所以事实上还是守着,一半是兴趣,一半是无奈。那时离开生活条件如此之差的大学教师岗位,相信任何人都会理解。正因为条件太差,那时找到优秀的教师非常不易。20 世纪 90 年代初期,学院某个系的一位本科生跟系主任张老师抱怨一位老师讲课不够好,希望换老师。张老师也了解那位老师的教学水平确实不是很好,但他教的课程系里也没有其他老师可以讲了,只能如此。因此,张老师就坦率接受那位前来抱怨的本科生的意见,但同时问那个学生将来是否愿意留校做老师,学生明确表示不愿意。于是,张老师就跟学生说,你看像你们这样的优秀分子都不愿意做老师,我哪有老师可换呢?学生听后甚是感慨,再也不提换老师的事情了。真是理解万岁!

1992 年春季,我家分到了一间 18 平方米的房子,位于南大南园 14 舍。尽管还是筒子楼,但居住面积翻倍了。住进去的第一个晚上,躺在床上仰望天花板,就觉得这房间实在是太大了,顿觉心旷神怡,十分满足。其时,儿子已四周岁多了,总算有了一张属于他的独立的小床。小床是个高低铺,孩子睡下铺,上铺好放置一些物件。晚上孩子睡得早,拉上床前的帘布,我看书的灯光也就不太会影响孩子入睡了。但是,说来惭愧。这间房子其实不是我能分到的,而是按我爱人的积分排队分到的。虽然那时我们都是讲师，职称分相同。但是，她本科毕业就留校工作，工龄分比我多。"革命不分先后"这话在南大分房过程中不是事实。

1992年于我的职业生涯是重要的。是年冬季，我被评为副教授。来之不易。这么说是有原委的。由于会计学科只有大专，本科第一届是1993年才招收的。因此，1992年学校人事处下达职称指标时，一开始并没有覆盖到会计学专业。这就意味着，无论我的成果如何，由于我所在的会计学专业没有副教授指标，也就无法申报。学院领导事后去跟人事处领导进行了沟通，得到的回复据说是：会计学老师就是讲讲基本的课程，讲师就可以了，没有必要评副教授。但是，学院考虑到次年就要招收本科生，成立会计系，教师职称结构很不合理。况且，我的科研成果和教学成绩在拟申请副教授的同事中比较，应该说还是比较突出的。为此，学院领导再次去跟人事处领导进行了沟通，人事处同意我们学院不按专业设岗，而是由符合申请条件的候选人平等竞争。这样，我就有机会申报副教授了。所有申请人的科研成果在学院资料室展示出来之后，同事们公认我的成果是比较突出的。因此，在评审过程中，也就顺利通过了。这中间虽然包含着自己日积月累的艰辛和努力，但更应感谢学院领导周老师等为我们创造了公平的竞争环境。否则，在年龄、工龄、专业地位等方面都处于劣势的我，就不太可能那么早晋升副教授。

1996-09 获博士学位时与夫人陆娟教授合影

南大商学院（早期成立时叫"国际商学院"）是在原企业管理系和经济系基础上成立的。学院成立之初，分设经济系、国际贸易系、企业管理系和数量经济系。后来，数量经济系并入企业管理系。再后来，于1993年新设了金融系和会计系。金融系是从国际贸易系分离出来的，也有部分老师来自经济系。会计系是从企业管理系分离出来的。会计系宣布成立后的第一年，并没有独立运行，人事和财务等都依然属于企业管理系。会计系主任也是由企业管理系主任施建军老师兼任的。我作为企业管理系暨会计系副主任具体分管会计学科的教学和科研等工作。一年之后，会计系正式独立运行，并由我担任系主任。所以，从"法律"意义上说，南大会计系的首任系主任是施建军老师；从"会计"意义上说，则我是南大会计系的首任系主任。因为，在会计系独立运行之前，会计系还不是独立的"会计主体"呢。呵呵，读者不要太当真，只是做个"歪解"，说个笑话而已。

由于学院领导对会计学科建设的高度重视，会计学专业硕士点也在1993年得到了学校批准。根据教育部的有关规定，南大增设硕士点，学校就可以审批，只需要报教育部备案。因此，1994年会计学专业就有了首届硕士生入学。首届招收时，南大会计学科在全国尚无太大影响力，报考人数不是很多，最终只招了三位。他们本科学的都不是会计学专业，也不是财经管理类专业，都是理工科本科专业毕业。他们的本科母校分别是浙江大学、上海交通大学和南京大学。尽管缺乏会计学专业基础，但他们的基本素质都很高，也都很优秀。第二年起，生源就更多更好了。这让我不由得想起"大树底下好乘凉"这句民间俗语。感谢南大，为我和我的年轻同事们的学术发展提供了越来越好的平台。

有了本科生和研究生，会计系就变得有模有样了。但是，师资队伍建设压力山大。由于下海潮，20世纪90年代会计学专业博士生很少选择在高校任教，更别说来到没有会计学博士点的院校任教了。因此，我在南大担任会计系主任的六年间（1994-1999），非但没有能够招到一个博士毕业生，就连名校的硕士生都没有招到。我也邀请过一些硕士毕业生来南大看看，但看过之后就没有下文了。在那个年代，学校的住房条件和收入水平，对于优秀的年轻人实在是没有任何的吸引力和竞争力。

在南大工作了五六年之后，我觉得有必要攻读博士学位。1993年下半年，经与阎达五老师沟通，决定报考阎老师的博士研究生，并正式提交了报名表。无巧不成书，其时适逢南大获批企业管理专业博士点。这是南大商学院学科建设的一大突破。为此，周老师希望我不要离开工作岗位，不要辞去会计系主任工作，因此建议我就在南大报考企业管理专业的博士生，并且聘任阎达五老师为南大兼职教授，由周老师和阎老师联合指导我攻读博士学位。又一次被周老师的真诚所打动，我最终接受了周老师的建议。说实话，当时内

1996-11 与英国埃克赛特大学会计学教授合影

心是很矛盾的：既希望能在人大会计学专业上跟随阎老师学艺，但又不舍在南大刚刚开启的会计学科建设事业。最后的选择兼顾了学习和工作两个方面，但专业就不是会计学，而是企业管理了。周老师之所以主动提出请阎老师与他联合指导我，是切切实实为我的会计学专业研究考虑，而非仅仅形式安排。有幸得到两位恩师的指导，既保持了会计学专业的研究基本特点，又结合了企业管理（尤其是战略管理）的理论和方法。这对于我之后的研究方向和选题风格产生了潜移默化的影响。不再就会计论会计、就财务论财务，而是更多从企业战略管理的角度研究财务战略问题，从社会经济环境角度研究会计问题。所以，从攻读博士学位开始，我的学术论文除了在《会计研究》等本专业的学术期刊发表外，也在《经济研究》和《管理世界》等经济和管理类期刊发表。这在20世纪90年代的会计学界还是并不多见的现象。关于博士论文研究什么问题，周老师的建议是，不要选择太过会计技术化的话题，最好能够跟周老师研究的企业战略管理有所关联。阎老师的建议是，研究要有前瞻性，不要就事论事研究会计或财务问题。在充分听取和深刻理解两位导师建议的基础上，最终将博士学位论文选题确定为《企业发展的财务战略》。在论文研究和写作过程中，周老师和阎老师从各自的专业角度给予了悉心指导。在论文评审过程中，为了确保评审意见的权威性，周老师和阎老师分别推荐了企业管理学界和会计财务学界的多位资深教授。为了参加我的论文答辩，阎老师和师母林老师还专程来到南京大学。由于是南大企业管理专业博士点暨周老师指导的学生中第一篇提交

1997-02 英国艾克赛特大学华人留学生和访问学者等春节联欢合影

答辩的博士学位论文，周老师特别重视，答辩委员会多达9人，阵容庞大。答辩过程中，专家提问十分尖锐，火星四溅。幸亏已经任教八年，否则难免被这架势所吓倒。

在南大任教8年之后的1996年11月，学院派我去英国埃克赛特（Exeter）大学经济系进行为期半年的学术访问。这次学术访问机会，于我而言恰是一场及时雨。连续8年工作，尤其是繁重的教学任务，已经使我产生了明显的倦意。到了英国，没有了教学任务，只是自由地看书读论文做研究，顿觉轻松无比。异国他乡，一草一木都让我感觉十分新鲜。尤其是，埃克赛特（Exeter）大学的会计学科教师数量虽然不多，但在英国的会计学界的江湖地位却不可小视。著名国际会计学者帕克（Parker）教授便在该校。他和诺贝斯（Nobes）教授合著的《国际会计》一书，在此之前就有了中译本，是我写作《比较会计》一书时的主要参考资料之一。见到大师真人，难掩内心激动。之后方知，诺贝斯是帕克的学生。

1996年之前，我国会计学界的研究基本都是比较传统的做法，即基于历史文献资料的逻辑推演和文字表达，不做模型，也不做实证。即使有些量化分析，也仅限于最基本的描述性统计分析，计算一下均值而已，连方差通常都不去算的，更不会去做差异的显著性检验和多元回归了。在去英国之前，我从未在学校图书馆或其他任何地方看到过西方国家的会计学类或公司财务类学术期刊，仅有的

1997-04 与英国艾克赛特大学部分中国访学和留学人员春游合影

几本英文刊物，后来才知道只是实务性的杂志，而非学术性的期刊。唯一读过的几篇关于盈余管理问题研究的学术论文，还是顾朝阳博士寄给我的复印件。20世纪90年代中期，朝阳在美国杜兰大学攻读会计学专业博士学位。其导师李志文教授也在香港科技大学任职，并且，自1995年中国会计教授会（现中国会计学会会计教育分会）成立起，常来大陆参加中国会计教授会。朝阳也来参会。我也因此结识了朝阳。幸得朝阳热心帮助，使我和我指导的研究生辛宇（今中山大学管理学院财务系教授）有机会读到原汁原味的期刊论文，而不只是国内期刊中关于盈余管理的概念性介绍，从而为我们开展这方面的初步研究打下了一些基础。对朝阳提供的帮助，始终铭记，万分感激。

到了埃克赛特大学，第一次走进图书馆，学术期刊鳞次栉比，各学科的主要期刊，无论是现刊还是过刊，应有尽有。但是，浏览了一些期刊之后，发现多数论文不能完全读懂，甚至几乎读不懂。虽然大学期间也学过数理统计，但并没有受到如何将其应用于会计学专业学术研究之系统训练。因此，对实证研究论文中回归分析统计检验的理解，还是面临不少困难。这种困难其实主要不是在于统计分析方法本身，而是将统计分析方法具体应用于某一会计学或公司财务问题研究时的一些具体做法，不懂得作者是如何考虑的，只能随着阅读论文数量的增加而慢慢揣摩。

1997年3月，英国会计学会（BAA）年会在伯明翰举行。为了参加此次会议，我也提交了一篇论文，即《中英上市公司财务绩效比较研究》（发表于《会计研究》1997年第10期）。那时，我国还没有关于上市公司财务会计方面的研究数据库，为了准备这篇论文，只好手工搜集数据。辛宇帮助我从中国A股上市公司年报中整理出相关财务数据寄给我，我自己则从埃克赛特大学经济系拥有的数据库中下载了英国上市公司相关财务数据。由于还不会使用统计软件，完全手工计算了论文研究中所使用到的全部财务指标。虽然这还根本不是什么像样的实证研究论文，但至少是在用数据说话，因此，会议组委会接受了我的论文，并安排在"国际会计组"进行了小组论文报告。第一次在国际学术会议上报告论文，英语听力又不太好，唯恐听不明白人家做了什么评论或提了什么问题。幸好，英国学界朋友相当友好，评论或提问都尽量使用简单词汇，语速缓慢，吐字清晰，因而使我的论文报告和讨论问答得以顺利进行。年会的会议注册费是要提前交纳的，为此，不得不以支票方式予以交纳。我们这代人，在国内从来就没有用过个人支票，甚至都没见过支票，初次使用支票存在严重的心理恐惧，特别担心出问题。不知道怎么写支票，问了在英国待了比较久的中国朋友才明白；写了支票也不知道如何邮寄才安全，问了方知丢进邮筒即可。我原本以为，至少应该寄挂号信吧。英国似乎没有挂号信，没有人担心丢进邮筒的信件会丢失。或者说，支票即便丢失了也不会导致钱的丢失。想想，人没有见识有多可怕！

1995-07首届中国会计教授会合影

1997年4月回到国内，将《中英上市公司财务绩效比较研究》提交给了在厦门大学举办的第三届中国会计教授会。会议接受论文并安排了小组会议报告。由于李志文教授在发言中提到了我的论文，意思是说，会议论文中很少见到以数据说话的实证研究论文，我的论文虽然还算不上严谨的实证研究论文，但至少是在用数据说话了。会后，不少朋友拿这话来调侃我，说我被李老师表扬了。其实，我很清楚，李老师根本不是真的要表扬我的论文，只是为了更严厉地批评他定义的那些"坐在摇椅里仰望星空"遐想出来的论文。

1997-06 南京大学商学院会计系优秀学生颁奖典礼

在英国访学半年，给我带来的最大触动是，我国的会计研究范式必须国际化，即实证研究将是必然趋势。此前，我接受的研究训练也是传统的规范研究，转换研究范式，于我而言其实也是一件不太容易或者说成本较大的事情。但是，既然认识到了实证研究是大趋势，我就必须义无反顾地去推动和践行。1998年第8期发表于《会计研究》的《上市公司资本结构主要影响因素之实证研究》一文（与辛宇合作），是我发表的第一篇实证研究论文。作为初步的尝试，论文在研究设计和研究方法等方面，都存在不少瑕疵。但是，审稿人

1997-10 南京大学会计系部分教师及学生与杨纪琬教授合影

和责任编辑可能也是出于鼓励新生事物的考虑，使拙文通过审稿并得以发表。在林林总总的会计与财务实证研究文献中，该文可能只是一只丑小鸭，但是，只是因为它在我国上市公司资本结构研究方面是第一篇实证研究文献，其被引用次数位列我国会计与财务研究论文之前列，在我国公司财务研究领域产生了很大的影响，有力地推动了该领域的研究发展。

1997-10 主持学术会议

在英国访问期间，南京大学给我评定了教授职称，1997年3月学校正式下发了职称评定结果。据说，通常情况下，人在国外是不给评职称的，或者可以参评，但需要在当事人回国之后校方才公布评定结果。学校和学院对我十分信任，相信我会按时回国，也就评了并公布了结果。衷心感谢这份信任！

1997-11 南京渊声巷家中办公

1996-08 与南京大学商学院同事长江游船80分比赛留影

先后获得了博士学位（1996年9月）、出国访问（1996年11月-1997年4月）和获评教授职称（1997年3月），在许多人看来都是好事连连。我自己当然也感觉很爽的。但是，英国访学其实也是受到了很大的刺激。看到国外学术界实证研究做得如此炉火纯青，我们却在蹒跚学步，不得不对自己往后的学术道路该如何更好地走下去进行深入思考。这样的思考，也促使我决定继续跟随阎老师做博士后研究。由于南大希望我继续担任会计系主任工作，因此，没有同意我全职去人大，而是做在职博士后研究。又一次兼顾了个人意愿和组织意愿。

在南大工作了十一年半，自己从助教到教授，从普通教师到系主任，从硕士到博士，发生了许多变化，也取得了一些成绩和进步。与此同时，对于南大校园内的人和事，以及南京这座石头城，我的感觉也从陌生到熟悉，从理性到感性，从客人到主人，越发与这个校园和这座城市融为一体，休戚相关。但是，不知道是命运安排，还是某种偶然，我最终还是于1999年末离开了这个精致的校园和这座大气的城市，去到了此前知道很好但并不具体了解的北大光华。离开南大，自然伤感；去到北大，前路漫漫。

1998-05 参加南京大学商学院运动会自行车慢骑比赛留影

六、二次"创业":北大续航

如前文所述,阎老师将我学术生涯所走的每一步,都美好地理解为"规划"的结果。其实,真的没有这么好的规划,也很难作出这样的规划。如同研究生毕业时从人大来到南大工作有些偶然一样,从南大来到北大工作也是极其偶然的因素促成的结果。

1999年1月,应苏锡嘉教授邀请,我和王立彦教授一同前往香港城市大学做为期两周的学术访问。由于经费不太宽裕,邀请方安排了校园内宾馆的一个标准间。我和立彦白天去办公室各有所忙,晚上回到房间则常就我国高校会计学专业的学术研究、学科建设和师资引进等话题进行交流。当时,他和我分别身为北大和南大会计系主任,都感到颇有压力。尤其是,引进人才都十分困难。作为重点综合性大学,会计学科发展起步晚,自身又没有会计学博士点,从外校引进博士毕业生又拿不出什么吸引人家的资源。在20世纪90年代,重点综合大学的会计学科,无论在国内会计学界,还是在学校内部,基本都是弱势群体。记得快要结束两周访问前的一次交

1999-01 香港城市大学会计系学术论坛部分代表合影

流中,立彦似乎比较随意地跟我说:正飞,你是否可能来北大,咱们一起干。当时,由于我没有任何思想准备,也就没有作出什么明确的回应,只是说,容我想想。就个人的倾向而言,我起初基本没考虑离开南大而去到北大。毕竟,在南大工作了十多年,工作和生活环境中的一切都已经相当熟悉,工作驾轻就熟,生活顺风顺水,朋友热热闹闹,对南大和南京的感情与日俱增。如若选择北大,工作和生活环境都将变得异常陌生,未来道路也很不确定。但是,回到家里之后,当跟家人说起此事时,家人觉得可以考虑。这就引起了我的"长考"。没有选择是痛苦的,选择的过程则是煎熬的。为了避免错误选择,只好求助朋友建议。北京的朋友,无一例外支持我来北大,理由不必多言。南京的朋友,一半支持一半不支持。支持者认为,北大的平台更好一些,首都北京是我国社会科学研究力量最集中的地方,资源多,氛围好。不支持者的理由主要有二:其一,南方人去北方,物质生活条件方面没有南方好;其二,北大平台是更好,但压力也更大,即将人到中年,何必"吃二遍苦,遭二茬罪"呢?!听完朋友们的这些意见,似乎变得更难以抉择了。可是,北大方面在等着我的回话呢。

正当我犹豫之际,我的老同事和老大姐张朝宓老师跟我讲的一席话,对我的最终决策产生了特别重要的影响。张老师是个十分真诚和坦诚的人。她跟我说,无论从南大会计学科的需要来说,还是从同事间的感情来讲,都不希望我离开南大。但是,她告诉我,"文革"前北大数学系邀请她父亲（南大数学系教授）加盟北大，由于南大不同意放人，就没能如愿。为此，张老师父亲抱憾终身。这个故事对我促动很大。经过一段时间的冷静思考，我还是决定选择北大。离开南大，确实非常不舍；但若放弃北大，恐怕事后悔之莫及。可能的后悔不是别的，主要是北大这个平台对我的学术生涯可能产生的积极作用。虽然不确定，但却有想象空间。而若在南大继续工作下去，很可能随着资历变深而越发缺乏动力，不思进取，从而未老先衰。这样岂不可悲？！想到这里，就正式向北大提交了个人学术简历。后来才知道，北大光华在1999年启动国内外人才招聘计划。在我的学术简历提交之后不到两个月，北大就以极高的效率通过了学院和学校两个层面的所有评审程序，同意我以教授身份调入。据悉，按北大人事管理制度规定，博士后出站转为教师编制，通常得从讲师或副教授起步，即使之前已经在其他院校担任了教授，一般也不能直接到北大担任教授。我当时在人大做博士后研究。考虑到以博士后出站到北大工作对于家属户口随迁北京比较便利，我就推迟了博士后出站手续的办理。因此，起初北大人事部对于我博士后出站就以教授身份进入北大工作提出了一些异议。光华招聘小组和学院领导向学校人事部做了沟通和解释，说明博士后出站后进入北大只是为了便于家属随迁，实质是属于人才引进。当然，还是需要按程序经过学校职称评聘机构的认可。

1999年5月，当北大明确通知我已经走完了学院和学校所有程序，只等我的决定时，我既高兴，又紧张。高兴的是，即将可以进入我国最高学府任教；紧张的是，如何跟导师周老师、以及学院和学校领导解释。我首先去周老师家，向周老师原原本本地说明了有关情况。周老师是个非常开明的长者，这点我早就十分清楚。但即便如此，我还是担心周老师会不高兴。在我讲完之后，周老师出乎我意料地跟我说：这个机会对你很重要，我支持你的选择。把我引

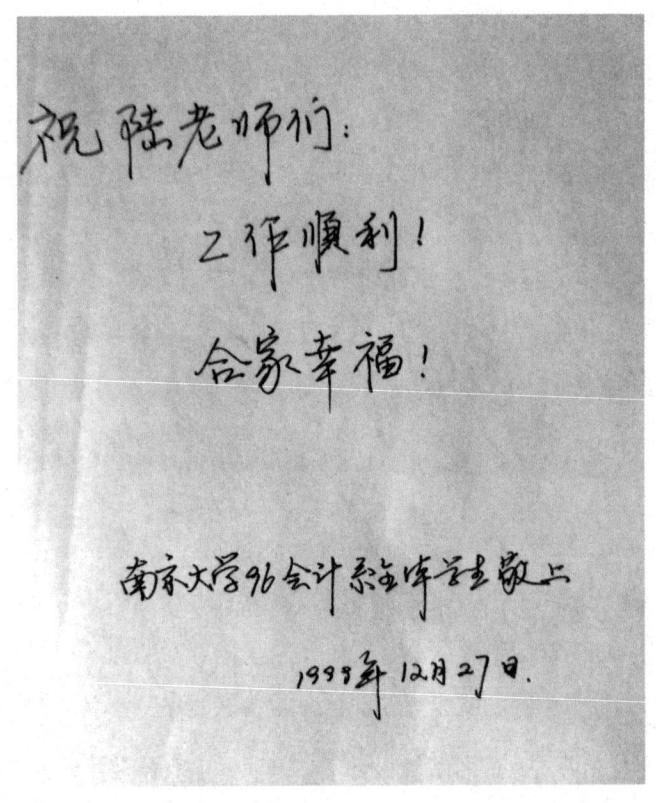

1999-12 离别南京大学前夕96级本科生的赠言

入南大的是周老师，支持我去到北大的还是周老师。事后听南大的一些同事和师兄弟说，周老师其实是非常舍不得我走的。但是，周老师宽宏大量，没有因此而阻止我事业的二次选择。这就是周老师的伟大之处。这也是我们这些晚辈为什么都十分敬重周老师的重要理由。时任院长赵曙明老师和主管文科的副校长洪银兴老师，在此过程中既挽留又理解。为了不伤感情，我也没有太过催促他们高抬贵手尽早放行，而是多次、慢慢地跟领导们软磨硬泡，随着时间慢慢得到领导们的更多理解。直至11月份，终于得到了学院和学校领导的理解和同意。由于整个过程处理问题比较妥当，没有跟导师和领导们伤了和气和感情，我到北大之后，周老师、洪老师、赵老师等导师和领导，依然如故地关心和关注着我的成长，这让我感到十分欣慰。每次见到他们，总是觉得非常亲切。

1999年11月中旬，我正式到北大办理了入职手续。为了把该学期在南大那边的工作完成好，征得北大这边同意，该学期并没有在北大承担具体教学任务，而是从2000年春季学期起正式到北大光华全职工作。初来乍到，北大的许多方面对于我其实还是很陌生的，也闹出了一些难以忘却的笑话。记得刚来北大的第一学期，有位本科毕业班学生直接到我办公室，希望我做他的毕业论文指导老师，我问他：是否是系里已经安排他由我指导？他回答说是自己来找我的。我就纳闷，系里尚未安排，学生就找来了，我该怎么办？具体跟学生问过之后，方知北大的习惯是学生与老师双向选择确定论文导师。这与当时南大由系里统一安排的做法是不一样的。有一次要去学校外事办公室办个手续,但不知道其具体地点。在去之前就先打了电话到外办询问一下。接电话的老师告诉我外办在临湖轩,我接着又问临湖轩在何处。那位老师就觉得非常不解。她就跟我说:听您的声音也不像是刚工作不久的年轻教师了,怎么还不知道临湖轩的位置呢?我听了这话感觉很不好意思的,但还是如实跟那位老师解释了:我是已经工作了十多年了,但刚从其他学校调到北大不久,故还不太熟悉北大的校园情况。我说完,那位老师就笑了。随后,在她耐心说明之后,我比较顺利地找到了临湖轩。

光华自 1997 年其就有了独立的大楼,即今天的光华 1 号楼(也称"老楼")。这在当时国内商学院中是非常先进的了。老楼的教师办公室虽然很小,但毕竟每位教师都有一个独立的空间,感觉还是很不错的。2000 年春季学期,光华的教师还只有 40 多位,加上十几位行政人员,总共也就 60 人左右。因此,一个学期之后,多数同事也就慢慢都熟悉了。光华的领导和同事们都非常友善和热情,无论是工作还是生活方面,都给了我很多关照和帮助。第一次在学院二楼院长办公室附近遇到厉老师,我跟厉老师简单自我介绍之后,厉老师就十分关切地提醒我尽快填写博士生导师申请表。厉老师是学界泰斗,声名远扬。我等晚辈能够见到厉老师,就是一件很值得兴奋的事情。因此,当厉老师如此和蔼可亲地跟我交谈之后,我的内心激动了许久许久。既庆幸自己今后会常有机会聆听厉老师的演讲，又感慨厉老师对晚辈的热情和关怀。学院其他资深教授和领导，包括陈良焜老师、胡健颖老师、靳云汇老师、曹凤岐老师、张国有老师、王其文老师、朱善利老师、张维迎老师、刘力老师、王立彦老师、李九兰老师和范平老师等等，都在许多方面给予我无私的关心和帮助，从而使我在比较短的时间内就适应了新的工作和生活环境，教学和科研得以顺利续航。

来到光华之后，我教学的对象和课程都与在南大时发生了比较大的变化。在南大时，教学对象主要是会计学专业的本科生和研究生，主要教财务管理方面的课程。到了北大，教学对象主要是会计学专业的研究生和MBA学生，主要教会计学（财务会计）方面的课程。因此，初到北大的第一年，我在教学方面投入了非常多的时间进行备课。特别是，《财务报表分析》这门MBA课程，是学院的一门新开课，我以前也没有讲过。更为重要的是，这门课在国内那时还没有比较成熟的教材，仅有的几本翻译教材，也不是十分适合于MBA教学使用。为此，在广泛参考可以获得的国内外教材及其他参考资料的基础上，根据MBA学生的特点，自己搭建了该门课程的基本内容结构。经过五个学期的教学实践并不断修改完善之后，讲义才基本趋于稳定。该年在教学上的大量投入，事后看是十分值得的。我的教学，尤其是MBA教学，连续几个学期的评估成绩都在学院名列前茅。在学院的推荐下，2002年9月，我荣获北京大学2001-2002学年度优秀教学奖。这对于我是个极大的鼓励。

第一部分 个人学术自传

　　1998-2002 年间，北大光华每年派两批教师（也包括部分行政人员）前往美国西北大学凯洛格商学院进行为期半年的访学。我有幸赶上了该访学交流项目的末班车，于 2002 年 9 月至 2003 年 2 月之间在凯洛格商学院进行访学。该项目允许带家属一同前往，凯洛格方面安排的住房很是贴心，比那时在国内的住房好了很多。不仅面积大，屋内生活用具也很齐备。凯洛格先进的软硬件设施、教师

2002-09 美国西北大学凯洛格商学院办公室

2002-11 访问美国杜克大学商学院合影

们高水平的研究和教学，使我们大开眼界。利用这难得的机会，我不仅积极参加系里的论文报告会等学术研讨活动，也系统旁听了 MBA《财务会计》、《财务报表分析》，以及 EMBA《财务报表分析》等课程。这给我后续的研究和教学带来了十分重要的帮助。如果说 1996 年英国访学使得我明确了走实证研究的道路，那么，2002 年美国访学，则为我进一步做好实证研究提供了新的动力来源。自此之后，我所发表的学术论文，基本都是实证研究论文了。北大和光华的学术平台和学术氛围，确实为我们做好研究提供了十分有利的条件。我之所以能够做出一些能够令自己总体满意的研究成果，数十篇论文在《经济研究》和《管理世界》等国内顶尖期刊甚至 JBF

2002-11 加州大学伯克利分校与姚长辉教授、姜国华博士合影

2001-06 与北京大学会计系毕业生合影

（Journal of Banking & Finance）等国际优秀期刊发表，除了自己的不懈努力，更多的因素还在于广泛的国内外学术交流、同事之间的互相启发、博士及硕士研究生的积极上进等方面。没有这些有利因素，仅仅凭自己的单打独斗和闭门造车，实现今天所收获的这些成果是不太可能的事情。特别是，我于2006-2009年主持完成了我国财务会计领域第一个国家自然基金重点项目《产权保护导向的会计研究》，2012-2016年又主持完成了我国财务会计领域第二个国家自然基金重点项目《会计信息与资源配置效率研究》，大力推动了上述领域的学术发展。这两个重点项目的结项评估都获得了最高等级即"优秀"成绩，受到评审专家的充分肯定和一致好评，也在我国会计学界产生了重要影响。这些都是整个课题组集体努力的结果。由衷感谢课题组所有成员的积极投入和大力支持！

如前所述，我在南大工作期间担任会计系主任长达六年（1994-1999）。由于南大商学院的系主任不仅要组织和管理教学科研活动，还要负责系里的"培训创收"工作，六年下来确实有些身心疲惫。因此，到了北大之后，我就非常享受只做教学和科研工作而不承担行政工作的日子。可是，好景不长，入职没过多久，学院就要我出任会计系副主任。从我个人的意愿上讲，真心不想干这份工作。记得当时主持学院日常工作的副院长张维迎老师跟我说这事的时候，我很认真地建议和希望学院领导考虑其他更为合适的老师来担任此项工作。然而，维迎老师的智慧回答，让我没有了退路。他说：我们学院做

2007-07北大-台大状元营活动-连战夫妇出席

2008-08 与同事陪同国家领导人观看乒乓球比赛合影

2008-07出席北大光华毕业典礼

了正教授的老师,都要承担一定的行政工作,为大家服务。显然,他这么说了,如果我再拒不接受,就显得我不愿意牺牲自己的一点儿时间为系里老师们做些服务工作,那也未免让人觉得有些过分自私了。因此,我就只好应承了下来,配合系主任王立彦老师做好会计系的教学与科研组织管理工作。更为意向不到的事情发生在2001年9月。记得有个周三的下午,在办公室突然接到院长厉老师的电话。厉老师在电话中跟我说:陆正飞,学院考虑由你担任会计系主任,本周五提交学院党政联席会议讨论通过之后正式公布。因为事先没有任何人跟我说起过此事,我没有任何心理准备。但是,厉老师这么明确跟我说了学院的考虑,我哪敢表示不愿意呢?!愣了一下之后,我跟厉老师说的第一句话是:您好,厉老师,那王立彦老师知道学院这个安排吗?厉老师明确回答我:立彦知道的,他在去美国之前跟我打了辞去系主任工作的报告。此事我也一点儿不知道。就这样,人生又一次被"赶鸭子上架",二度担任会计系主任,只是换了一个大学。这一当,又是六年(2001-2007)。

在光华担任系主任,不需要承担"培训创收"工作。这是比较幸福的地方。系主任的主要职责是学科建设、师资队伍发展和日常的教学科研组织与管理等工作。在担任会计系主任的这六年间,得到了学院领导们的关心和指导,兄弟系系主任和老师们的帮助,尤其是会计系老师们的大力支持。正是有了来自所有这些方面的指导、帮助和支持,会计系那六年的工作才取得了学院领导和老师们的充

2004-07与指导的首届博士生汤立斌、童盼的毕业合影

分肯定和普遍好评。在那六年间，北大会计系取得了一些突破性的成绩和发展：2002年，与清华大学会计系等兄弟院校联合创办《中国会计评论》和刊物年度学术会议；2003年，在全国会计学专业博士学位授权点的评审中，以名列全国第一的总分，顺利通过评审，从而使北大光华获得了"会计学博士点"；2004年，在全国首批会计专业硕士项目（MPACC）的评审中，北大光华也顺利通过评审，成为全国首批举办MPACC项目的高等院校之一；2005年，组织申请国家自然科学基金首次设立的会计学领域的重点项目《产权保护导向的会计研究》，并获得批准；2003-2007年，在学院领导的支持和帮助下，有节奏地引进了5位"海归博士"，会计系如虎添翼，逐步跻身全国研究实力最强的会计学科之列。

如果说会计系主任工作还算有些在南大工作时积累的历史经验，那么，2007年起先后担任的光华管理学院副院长和党委书记工作，就完全是一种全新的挑战了。或许是因为六年的会计系主任工作取得了一些成绩，得到了领导和同事们的总体肯定和好评，在2007年初的副院长增补测评中，我被认为是可能性比较大的候选人之一。在民主测评的基础上，学校党委组织部门任命我担任学院副院长。几个月之后，在学院党委换届中，我又高票当选学院党委委员和党委书记。在担任副院长和党委书记期间，先后主管过的工作包括本硕博教学、会计专业硕士项目、学科建设、科研、人事、校友、党委全面工作等。在此期间，推动并实施了本科生自由选择专业的改革；

实现了硕士研究生与博士研究生培养并轨；积极组织全国重点学科申报，企业管理专业获批为全国重点学科；完善科研奖励制度，努力实现国际高水平发表和国内有主要影响力发表的兼顾；积极而又审慎地推动和实施了人事与薪酬制度改革，实现薪酬制度并轨，全面执行年薪制；根据各系教学任务和学科发展规划，核定人事编制，避免盲目扩张；以人事管理为抓手，推动各项规章制度的建立和完善，提高学院管理的规范化和透明度；加强党建工作，团结师生员工，协调各方关系，发挥一切积极力量的作用。担任学院党政工作，不仅花了不少时间，更是付出了许多心力。光华是一个充满正气的组织，把学院的各方面工作做得更好，这是大家的共同追求。当然，关于"如

2006-12光华EMBA41班第二模块课程合影

何"做好学院各方面的工作,认识上存在分歧和争议也很正常。但是,我们的班子能够做到开诚布公讨论,民主集中决策,求同存异,合力执行。为了提高更多教师的积极性,学院班子成员很少申报院内甚至校内各项教学或科研奖励。这是一种很好的习惯和风气。

虽然承担学院和系里的党政工作花费了不少时间和精力,但是,教学、科研和学生培养等工作也未曾放松。有人可能会不解,为什么担任党政工作没有太多影响教学科研等业务工作?如果静态分析,一定会有影响,甚至有不小的影响。但是,人的时间和精力,除了花费在工作至上,还有其他许多方面,诸如学术界和社会活动、家庭生活、甚至娱乐休闲等。就我个人而言,在担任学院和系里党政工作期间,花在教学、科研等业务工作方面的时间和精力也是有所减少的,但减少并不很多。主要挤占的是家庭生活和娱乐休闲方面的时间。此外,参与学术界和社会活动也有所减少。正是因为这样的时间安排,教学、科研和学生培养并没有受到明显的影响。以博士生培养为例,自2000年以来,每年都指导至少一名博士生,不仅会在博士生在读期间认真负责地给予指导,包括日常研讨、合作研究、博士学位论文选题和研究过程,而且,在博士生毕业之后,也会持续关心和帮助他们的学术发展,如指导他们撰写课题申请书等。因此,我指导毕业的博士生,在高校从事教学和研究工作的比例超过一半,其中多在985、211高校任职,并已在学术界暂露头角,有些已成长为学科领军人才。

2015-05云南大理-北大光华EXED授课合影

在光华工作的这些年,我基本没有承担本科课程教学。按照教育部的原则要求,教授每年应该至少给本科生讲一门课的。但是,光华的情况有些特殊,本科生招生量较小,而 MBA、EMBA 等招生量较大。因此,承担 MBA 课程教学视同为讲授了本科课程。由于本科生没有实践经验,学生对教师是否拥有实践经验并不敏感,而 MBA、EMBA 学员则不然。所以,学院在安排 MBA、EMBA 课程时,不仅要求教师具备比较扎实的教学功底,最好还拥有一定的实践经验。不同类别学生的需求不太一样,适合于他们的教学内容结构和教学方式也就需要作相应的调整。在光华工作的这些年中,每年讲授两到三个 MBA 班的课程(包括《财务会计》和《财务报表分析》),以及自 2002 年以来所有 EMBA 班的课程(《财务报表分析》,后更名为《财务能力与企业竞争力》)。长期以来,无论 MBA 课程还是 EMBA 课程,教学评估成绩比较稳定地位居前列。2009 年前后几年,全院 MBA 学员每年以投票方式评出五位"MBA 最喜爱的老师",我每次都能入选。这不是什么官方评价,完全是民间行为,但确实从一个侧面反映了学生对老师的喜爱,令我感到十分高兴和欣慰。高兴的是,我的教学得到学生的肯定和喜爱;欣慰的是,我的时间和精力投入实现了其应有的价值。事实上,这些拥有丰富实践经验的学员,在教学互动过程中,也给教师带来许多经验分享和启发。即使是具有很强挑战性的尖锐提问,在给教师不断"出难题"的过程中,也促使教师不断实现自我提升。真可谓教学相长。在此,我要诚意感谢曾经给我提问过的所有学员。正是你们的提问,促使我不断思

2015-01长江学者聘书

考新问题，不断接受新信息，不断形成新思想。

自加盟北大以来，先后获得了不少奖励和荣誉。其中包括：2001年入选"北京市新世纪社科理论人才百人工程"；2005年入选教育部"新世纪优秀人才支持计划"；2013年入选财政部"会计名家培养工程"（首批）；2014年入选教育部"长江学者特聘教授"。这些奖励和荣誉，虽然也不过是某种符号，但它们也能说明自己所取得的一些成绩得到了学院、学校和学术界的肯定和认可。与此同时，它们也在不断地鞭策我继续前行。

第二部分 主要学术观点

如果自1985年进入研究生学习阶段算起，我从事会计学术研究已有三十个年头了。在研究生期间，就开始有一些论文发表，迄今发表论文逾百篇，同时也出版了几本著作。每一篇论著都各有其主题，看起来也都互相独立，但无论如何，其实都在一个有限的领域内。这个领域便是"会计"。当然，"会计"对于学者而言其实也可以说是一个很大的领域，少有学者能够涉足该领域的所有方面或子领域。回望过去三十年的学术研究，总结和梳理一下自己过往学术研究的基本脉络，除了有助于自己进一步明确今后的学术发展方向之外，或许也能够为会计学界一些年轻学者了解和理解我的学术研究提供一些便利。与此同时，就会计教育及其他相关方面的经历和感受作一回顾和小结，或许也能对年轻的会计教育工作者有一定的参考作用。

总结和梳理一下过往的学术研究，基本可以归纳为以下三个方面：(1) 比较国际会计与中国会计改革研究；(2) 资本结构与融投资行为研究；(3) 产权保护导向的会计研究。

一、比较国际会计与中国会计改革研究

20世纪80年代中后期,随着经济体制改革和现代企业制度建立,传统企业会计制度的弊端越来越多地暴露了出来,改革我国企业会计制度的呼声日益强烈,在会计学术界和实务界也越发成为共识。但是,究竟如何改革我国的传统企业会计制度?这在当时是一个真正的难题。难在哪里?主要是两个方面:一是需要借鉴国外经验;二是需要分析我国企业会计发展的未来环境。无论是前者还是后者,都需要深入开展比较国际会计研究,以根据环境条件的变化确定我国企业会计制度和会计实务的发展方向。

我国经济改革和对外开放起始于1978年,但除了中外合资企业会计制度和股份制企业会计制度[①]之外,其他企业的会计制度改革在1992年之前并未取得实质性的进展。1992年11月颁布并于1993

---

① 《股份制企业会计制度》是1992年发布的。当初,真正意义上的股份制企业还很少。因此,绝大多数企业还是在执行比较传统的全国统一规定的行业会计制度。

年 7 月 1 日起施行的《基本会计准则》，引发了 1993 年的"会计风暴"，标志着我国企业会计规范开始由"全国统一会计制度"走向"会计准则"。虽然，1992 年 11 月颁布的《基本会计准则》事后看是比较基础性的，颁布之后又经过了多次修订。但是，应该说，它在我国会计规范发展过程中是具有划时代意义的。为了制订和颁布这个《基本会计准则》，准则制订机构当然是做了大量的准备工作，学术界也围绕会计原则[①]问题展开了许多讨论，通过比较国际会计研究提出我国会计改革的方向是其中的一个重要方面。我国会计学术界比较国际会计研究也正是在该时期活跃起来的。

在中国人民大学攻读硕士学位期间（1985-1988），阎达五老师给我们讲授的《会计理论》课程，要求同学们在课程结束之后提交一篇课程论文。当时我提交的课程论文是《社会文化环境与会计》。在初步考虑选择这个题目之后，专门约时间向阎达五老师请教这个问题是否值得研究，得到了阎老师的肯定和鼓励。论文写成提交之后，阎老师也给予了充分肯定和好评。这使我受到了极大的鼓励，自此之后，便暗自下决心系统研究比较国际会计问题。

在比较国际会计领域，专著《比较会计》（陆正飞，1992）[②]是

[①] 当初多叫"会计原则（principle）"，而不是"会计准则（standard）"。
[②] 该书出版后引起了会计学界的普遍关注和好评，被中国中青年财务成本研究会评为 1988-1992 年优秀财会论著一等奖，并被收入《中国经济科学年鉴（1993 卷）》。

我的代表性研究成果。从国际范围来看，比较国际会计研究在20世纪七八十年代已相当活跃，其原因就在于那个阶段国际会计准则的协调已变得日益迫切。人们常说"会计是一门商业语言"。随着经济国际化发展，会计只有相应地走向国际化，才能顺应并进一步推动经济的国际化发展。但是，各个国家的会计实践都植根于本国的土壤，深受本国历史、文化、政治、经济、法律等诸多因素的影响，因而各国会计在不同程度上都表现出各自的特殊性。这个现象被称为"会计的国家化"。会计的国家化是事实存在，会计的国际化是现实需要。由于各个国家在思考和讨论如何实现会计国际化的问题时都必然会考虑自身的利益，往往不愿意轻易改变本国的习惯做法，不愿意轻易影响本国企业和会计信息使用者的切身利益。此外，与一个国家范围内的会计改革不同，国际会计协调缺乏强制的政治手段，因此，国际之间的会计协调就变得十分困难。

如何开展比较国际会计研究？这是学术界存在不同理解的一个问题。我在开展比较国际会计研究的过程中，首先着眼于基础研究，对会计环境作了较为全面、深入的剖析，在此基础上，以会计目标作为主要标志来划分世界会计模式，并对每一理论模式的典型实践模式逐一进行研究，还就中国与美国会计模式进行了具体比较。最后，除了考虑国际会计协调，特别强调以我国会计改革与发展作为比较国际会计研究的出发点和归宿。因此认为，我国比较国际会计研究的范围不应该仅仅局限于分析差异及其产生原因，而应该全面、具体且系统地研究以下三个方面的问题：(1) 全面分析影响会计发展的环境因素，为合理解释和正确认识不同国家之间会计理论（思想）和会计实践（制度或原则）的现状及其差异，以及同一国家不同历史时期的会计差异提供基本的理论指导；(2) 从理论到实践具体分析中国与西方具有代表意义的国家的会计特征，并作出评价与分析；(3) 在上述研究的基础上，总结社会经济发展与会计发展之间的作用与反作用关系，并从这一角度分析我国会计理论和会计实践存在的问题，进而提出关于我国会计改革的基本思路和建设性意见。

任何事物总是与一定的环境条件相联系而产生、存在和发展的，会计也不例外。之所以不同时期、不同国家的会计有着不同的特征，归根结底是因为影响会计的环境因素不尽相同。比较国际会计研究的首要任务，就应该是揭示会计与环境的关系。《比较会计》首篇便是研究会计环境问题，着重分析了影响会计发展的社会文化环境、自然与技术环境、政治法律环境和经济环境。通过对会计环境的系统研究，可以使我们正确、全面认识会计发展的历史规律，认识会计发展的基本趋势和经历的波折；可以使我们正确地认识会计实践活动的环境特征，有助于我们的会计工作更好地适应环境，并促进环境朝着有利于会计目标的方向发展；可以推动会计理论研究的更快发展；可以为建设具有中国特色的会计理论体系和明确会计改革方向提供理论指导。

各国会计环境的差异,造成了千姿百态的国别会计。世界上有多少个国家或地区,就可能有多少种会计模式。然而,国际间的交往和相互影响,也使得某些国家或地区的会计环境有着许多相同或相似之处,从而表现出类似的会计特征。会计模式的基本涵义是:(1)会计模式是会计实践的反映,是会计实践的标准的、定型化的形式;(2)会计模式是根据人们所观察到的会计的特征所进行的描述;(3)会计模式不直接描述会计的本质,但通过对会计特征的描述,能间接反映出会计的本质;(4)会计模式所揭示的会计特征,受观察角度影响,而观察角度的选择,除了受观察者认识水平的限制外,主要取决于观察者的研究目的。

世界范围内会计模式的划分,有许多不同的分类方法。例如,美国著名会计学家 G.G. 米勒教授按会计发展方法,将世界会计划分为四大模式:宏观经济模式、微观经济模式、独立学科模式及统一会计模式;保罗•H. 阿伦根据会计服务目标,将世界会计划分为五大模式:英国模式(真实与公允)、美国模式(公认会计原则)、法国模式(税务导向)、北欧模式(微观导向)、苏联模式(计划经济导向);美国会计学会国际会计工作和教育委员会根据"势力范围(影响地区)",将世界会计划分为以下五个"势力范围":英联邦、法国 - 西班牙 - 葡萄牙、德国 / 荷兰、美国、社会主义国家。

通过对已有会计模式分类方法的研究,我们发现如何选取适当的分类标志,是分类结果科学与否的关键。会计模式分类标志的选择,必须遵守以下四条原则:(1) 分类标志必须是会计自身的特征;(2) 分类标志最好是能体现会计实务各种具体特征的某一基本特征;(3) 按所确定的分类标志划分世界会计模式,必须做到能使所有国家或地区的会计按此标志归入某一特定的模式;(4) 按所定分类标志进行分类的结果,必须既有利于国际会计协调,也有利于我国会计改革。

根据上述原则,按照会计目标进行世界会计模式的划分将是比较科学的做法。按会计目标进行划分,世界会计可以划分为以下六大理论模式:宏观经济导向会计模式、中央计划经济导向会计模式、政府财税导向会计模式、企业(微观)经济导向会计模式、股东导向会计模式、投资人导向会计模式。会计理论模式的划分具有抽象性,也因而才具有普遍适用性。每一种抽象的理论模式,都可以在现实世界中找到其典型代表,或者说实践模式。例如,美国会计是股东导向会计模式的典型代表。美国会计的发展是产权资本分散化、证券市场高度规范化、企业交易关系复杂化及大量跨国经营等诸多因素促成的。美国会计的基本目标是保护投资者(尤其是股东)利益,以促进企业经营、证券市场和社会经济的健康发展。至20世纪70年代末,中国会计无论在理论上还是实践中,都没有将出发点落到会计目标之上,而是以会计任务代之。目标与任务固然有其共同之处,但两者之间的差异不可忽略:会计目标是指会计系统运行的基本出发点和归宿;而会计任务则是人们根据会计固有的职能和社会需要对会计工作提出的原则性要求。任务导向而非目标导向的最大弊端，就在于使得会计理论和会计实践的发展缺乏清晰的基本出发点和归宿。

从以上讨论可以看到，由于各个国家会计发展所面临的社会文化、政治法律及经济等环境存在差异，使得会计具有不同的国家特征，也就呈现出不同的模式。与此同时，会计国际化又是参与国际经济活动的每一个国家的共同愿望和必然趋势。因此，国际会计协调就十分必要。国际会计协调的最主要方面是会计准则的国际协调。各协调者所做的努力，也确实大都致力于协调各国的会计准则。会计准则协调的基本目标，就是要使会计成为真正的国际性商业语言。但是，为什么国际会计协调的过程异常艰难呢？其原因主要就在于各国会计准则差异背后所隐藏的实质是会计目标的差异，而会计目标差异的主要导因则是会计环境差异。显然，无论是社会文化、政治法律还是经济环境，都难以在短时期内发生根本的改变。因此，国际会计协调就注定不能一蹴而就，而只能是一个逐步实现求同存异的缓慢过程。同样道理，我国会计改革也不可能是简单照搬任何其他国家的会计发展模式，而应该也只能是根据我国会计所面临的环境条件的发展和变化，随着会计目标的演进，同时借鉴西方发达国家会计发展的成功经验，使我国会计准则和会计实践发展尽可能很好地适应我国社会经济环境，同时也兼顾会计国际协调，以使我国企业在参与国际经济活动过程中具有更好的会计透明度。

二、资本结构与融投资行为研究

(一) 缘起

1992年出版了专著《比较会计》之后,我的研究重心逐渐转向了公司财务。之所以发生研究重心转移,原因有三。

首先,在中国人民大学研究生学习期间,虽然已经启动了国际比较会计研究,但更多的精力还是花在了财务管理研究方面;虽然硕士学位论文是关于国有商业企业改革中的财务管理体制问题,但课余时间精读了几本西方财务管理(公司财务)原版教材。那时,事实上没有能够直接接触到任何西方公司财务方面的学术文献,而只是通过阅读公司财务方面的原版教材,隐约感受到了西方语境下的"公司财务"与中国语境下的"财务管理"之间的微妙差别。至于这种差别背后的原因究竟是什么,当时的理解是很笼统和模糊的。尽管如此,这些初步的了解和模糊的理解,着实引起了我的好奇和兴趣,潜意识中有着强烈的愿望去把这些模糊的理解清晰化。

其次，1990年之后，随着我国股票市场的初步发展，学术界和实务界越发关注公司上市和股票融资等问题，但是，由于我国过去的财务理论研究主要关心的是国有企业内部的财务管理问题。国有企业的资金来源不是财政拨款，便是银行贷款，因此，关于融资问题是缺乏研究的。因此，股票市场发展和公司上市融资，对我国财务管理研究和教学提出了巨大的挑战。如果不能抓紧研究资本市场背景下的公司财务问题，财务学术研究和教学就会严重落后于财务实践的发展，从而无法给企业财务实践提供理论指导。

最后，南京大学商学院成立于1988年，会计学科是商学院下属的一个专业。这与财经类大学独立的会计系或会计学院的不同，使得我作为一名会计专业的教师有机会与经济、金融及管理等专业的教师及研究生频繁接触和交流，从而自觉不自觉地了解到兄弟学科同事们的关注重点和思考方式，并从中受到影响和得到启发。

在我的研究重心向公司财务转移的初期，以下三件事情是值得细说一下的。

第一件事情是1996年申请了国家教委（现教育部）"九五"规划项目《企业资产负债结构管理》，获得批准。其实，当年项目指南中的题目是"资产负债结构管理"，指的是商业银行的资产负债结构管理。由于反复研读项目指南之后没有能够找到属于公司财务领域的题目,而我又不想也不能申请自己不熟悉领域的题目,于是就在"资产负债结构管理"前面添加了"企业"两个字,这样偷梁换柱之后,"企业资产负债结构管理"不就可以理解为企业的"资本结构"管理问题了吗?按此设计课题申请书之后,我心中其实是很忐忑的,不知道评审人是否会认为我的选题脱离了项目指南。但从结果看,评审人应该是认可了我的选题。虽然这项课题的资助力度即便在当时看也是比较有限的,但它确确实实推动了我在这一领域的研究,而且也给了我不小的动力。如果课题没有得到批准,或许相关研究会启动得更慢一些。

第二件事情是在《经济研究》1996年第2期上发表了论文《企业适度负债的理论分析与实证研究》。这篇论文主要是在回顾和梳理国外资本结构理论基础上,结合中国企业资产负债率的实际状况,进行了一定的理论和数据分析。由于在当时的条件下还没有资本市场和上市公司财务数据库,上市公司的数量也非常有限,因此,文中并没有使用上市公司数据进行实证研究,而是根据统计年鉴中的企业财务数据进行了一定的统计分析。从研究方法上看,应该说它还不能算是真正的实证研究论文,充其量只能说是有了一些实证研究的意识,希望通过实际财务数据的统计分析来说明问题。但是,正是这篇论文的撰写,开启了我对公司财务实证研究的探索和追寻之路。

第三件事情是1996-1997年间英国访学。1996年,我获得了赴英国EXETER大学访学半年的机会。在此之前,我还没有海外学习经历,对国外会计与财务学术研究的了解十分有限。仅有的一些了解,主要来自于参加1995年和1996年中国会计教授会第一届和第二届年会时读到的几篇海外学者提交的会议论文。早期中国会计教授会上海外学者的主题报告和论文报告,激起了我国会计学界关于研究范式讨论和论争,主张引进和推广者有之,但更多的是犹豫、怀疑甚至抵触。在去英国访学之前,虽然已经对会计与财务研究范式转变有了一定的思想准备,但认识还是比较粗浅和朦胧的。到了英国之后,我所做的第一件事情便是去图书馆阅览当时国内大学图书馆还根本看不到的会计学和金融学学术期刊。让我感到震惊的是,自20世纪60年代中后期起,一流学术期刊发表的论文,几乎都是实证性研究和分析性研究,很少见到纯文字逻辑推演性研究。当然,我在英国访学期间所接触到的一些老牌和老派学者,也很明显流露出对实证研究的不屑,认为纯文字逻辑推演就能说明的问题,大可不必在技术方法层面上走向复杂化。但是,一流大学的中青年学者则都走上了实证研究的轨道。这些所见所闻,不断地强化了我头脑中的一个认识:实证研究应该是会计与财务学术研究之大势所趋。有了这样的认识之后,便决定义无返顾地走实证研究之路,尽管这个转型是一个不那么容易的过程。在英国访学期间阅读得最多的实证研究文献便是关于资本结构问题的研究,回国前复印了大量文献资料,为日后开展这一领域的实证研究做了一定的铺垫。

自英国访学之后，之所以长期坚持研究上市公司资本结构及其衍生出来的融投资行为问题，最初的原因是，在浏览了大量财务学一流学术期刊之后，发现这些学术刊物几乎每一期都有文章讨论资本结构及相关问题的。这使我坚信，资本结构问题在公司财务研究中占据核心地位，值得长期关注和持续研究，应该抱定青山不放松。

我和我的合作者在资本结构和融投资行为领域所做的研究，其成果表现主要是在国内外学术期刊上发表了 30 多篇论文。这些研究中的主要部分基本可以归纳为以下四个方面：(1) 关于资本结构问题研究；(2) 关于资本成本问题研究；(3) 关于融资行为问题研究；(4) 关于投资行为问题研究。

（二）关于资本结构问题研究

关于资本结构问题，我们主要研究了资本结构影响因素、资本结构动态调整和资本结构适度性[①]。

---

① 代表性论文包括：陆正飞、辛宇：《上市公司资本结构主要影响因素之实证研究》，《会计研究》，1998 年第 8 期。姜付秀、屈耀辉、陆正飞、李焰：《产品市场竞争与资本结构动态调整》，《经济研究》，2008 年第 4 期。张会丽、陆正飞：《控股水平、负债主体与资本结构适度性》，《南开管理评论》，2013 年第 5 期。

资本结构实证研究中的一个主要话题，就是解释资本结构究竟受哪些因素的影响。以往研究认为，资本结构的影响因素主要包括行业因素、资本市场、高管信念、公司特征等。其中，关于公司特征与资本结构的研究尤其多见。国外的研究表明，可能影响资本结构的公司特征方面的因素主要有盈利能力、规模、资产担保价值、成长性、以及非负债税盾等。我国会计与财务学术界20世纪90年代初中期关于资本结构影响因素的研究，主要集中于分析和讨论国有企业为什么过度负债，而关于上市公司资本结构影响因素的实证研究尚不多见。我和辛宇合作的这篇论文，应该是我国主要会计学术期刊最早发表的关于上市公司资本结构影响因素的实证研究论文，因而被广泛引用，是我国公司财务方面引用率最高的学术论文之一，也是我自己发表的学术论文中被引用次数最多的一篇。由于当初还没有关于中国上市公司的财务数据库，我们研究所用的数据完全是靠手工搜集的。因此，我们的样本只取了1996年的沪市上市公司的数据。我们首先按行业分组，计算其资本结构的有关统计指标并进行描述性统计分析。然后，控制行业因素进行多元回归分析。研究表明：我国不同行业的资本结构存在显著差异；盈利能力对资本结构有着显著的负向影响；规模、资产担保价值、成长性等因素对资本结构的影响不显著。应该说，由于受到样本量太小等条件的限制，这篇论文的研究结果不是很可靠。其更多的意义在于引导了我国会计与财务学术界对资本结构实证研究影响因素研究的全面开展。

资本结构与产品市场竞争之间关系的研究是资本结构领域一个重要分支。产业组织理论界和公司财务理论界的学者们发现，企业资本结构决策是企业基于产品市场竞争环境、公司战略以及资本市场环境等因素进行的选择。在企业经营过程中，由于种种原因，企业可能偏离其最优资本结构。但是，一个以价值最大化为目标的企业不会让企业的资本结构长期偏离其最优水平。因此，在企业发展过程中，就会动态调整其资本结构，以使其尽量接近资本结构的最优水平。我们从产品市场竞争这一视角，利用产业组织理论、公司战略经济学以及公司财务等理论，对企业的动态资本结构调整进行研究，试图发现企业所在的产品市场竞争状况及其变化如何影响了企业资本结构的调整。我们的研究表明，无论是从产品市场竞争的静态还是动态角度考察，产品市场竞争强度及其变化与公司资本结构的调整幅度呈现出显著的负相关关系，即产品市场竞争强度越大，资本结构偏离目标资本结构的幅度越小，同时，企业的资本结构也在随着产品市场竞争强度的变化作出相应调整，表现向目标资本结构接近的趋势。我们的主要贡献是，从产品市场竞争的静态和动态两个角度，对产品市场竞争及其动态变化与资本结构偏离目标资本结构的幅度以及资本结构的调整速度之间的关系进行了考察，得出了一些有价值的研究结论。

出于契约内部化及降低交易成本的需要，经由权益控股形成的母子公司制的集团制企业日益盛行，集团内部母、子公司等多个法人主体的存在,使得现代企业组织边界在不断拓展,相应为企业财务理论带来新的研究机会和视角。在母子公司的组织结构下,子公司的独立法人资格将使得集团整体融资决策的统筹不仅需要考虑负债结构与数量,还要权衡负债主体的安排。那么,集团内部的负债主体安排,亦即子公司独立承担外部债务的多少可能受什么因素影响?又将可能对企业的资本结构带来怎样的影响?以往资本结构问题研究大多在单一企业主体的框架下进行,且相关的实证研究往往使用母子公司的合并报表数据对企业总体财务决策进行考察。我们以我国上市公司的整体子公司的外部负债为考察对象,将子公司负债占集团合并总负债的比例定义为子公司负债占比,并将其用于衡量集团内部负债主体的安排。子公司负债占比越高,则意味着负债主体越分散在子公司。我们以母公司对子公司的平均控股水平作为控制力的代理变量,研究了母公司对集团的整体控制力如何影响企业集团内部的负债主体安排;以企业实际资本结构与目标资本结构的偏差衡量集团整体资本结构的适度性,考察子公司负债占比对企业资本结构适度性的影响;我们还考察了母公司对集团的整体控制力对子公司负债占比与企业资本结构适度性之间关系的影响。研究结果表明,在控制其他因素的前提下,母公司对集团的整体控制力越强,则子公司负债占比越低;子公司负债占比越高,则集团整体的资本结构偏离目标资本结构的程度越大,即资本结构的适度性越差;母公司对集团的整体控制力越高,则子公司负债占比对资本结构适度性的负向影响越小。我们的研究丰富和发展了有关资本结构影响因素的研究文献。

（三）关于资本成本问题研究

关于资本成本问题，我们主要研究了股权融资成本的影响因素、信息披露质量与股权融资成本、多元化与资本成本、公司治理与股权融资成本以及集团统一审计与权益资本成本等[①]。

一般认为，中国上市公司存在强烈的股权融资偏好，对此，许多学者都将其直接动因归结为中国上市公司的股权融资成本偏低。然而，这些文献往往是通过简单比较市场平均股权成本与平均债权成本的相对高低，来判断上市公司的股权融资偏好是否源于股权融资成本偏低。但是，如果只是笼统地计算市场平均融资成本，而不深入探讨各公司在融资成本方面的差异，并不能很好地从融资成本角度解释中国上市公司的融资行为，也无法解释为何不同上市公司在融资行为方面表现迥异。鉴于此，我们试图深入探讨中国上市公

---

① 代表性论文包括：叶康涛、陆正飞：《中国上市公司股权融资成本影响因素分析》，《管理世界》，2004年第5期。曾颖、陆正飞：《信息披露质量与股权融资成本》，《经济研究》，2006年第2期。姜付秀、陆正飞：《多元化与资本成本的关系》，《会计研究》，2006年第6期。蒋琰、陆正飞：《公司治理与股权融资成本》，《数量经济技术经济研究》，2009年第2期。王春飞、陆正飞、伍利娜：《企业集团统一审计与权益资本成本》，《会计研究》，2013年第6期。

司股权融资成本的决定因素。从理论研究角度来看，只有在深入分析上市公司融资成本都受哪些因素影响的基础上，我们才能更好地了解不同上市公司在融资成本方面是否存在差异和存在多大的差异，从而有助于我们更好地理解不同上市公司为何在融资行为方面表现迥异。从公司财务实践来看，融资成本是企业融资决策的重要考虑因素，探讨企业融资成本受哪些因素决定，对于企业合理进行融资决策也具有重要实践意义。我们深入考察了中国上市公司股权融资成本的决定因素。研究表明，虽然传统理论认为股票 β 系数是股权成本的主要决定因素，但其他因素（如负债率、企业规模、B/M 比）等也是决定企业股权成本的重要影响因素。此外，不同行业的股权融资成本存在显著差异，具体而言，传播文化、电子等新兴产业的股权成本相对较高，而纺织、建筑、交通运输、金属与非金属制品等传统产业的股权成本相对较低。此外，企业经营风险、信息不对称和代理问题等指标并非影响企业股权成本高低的重要因素。

作为信息披露经济后果的重要体现，信息披露质量对股权融资成本的影响是资本市场会计与财务研究的重要课题。国外学者对信息披露质量与股权融资成本之间的关系进行了大量的理论分析和实证检验，其研究表明在以美国为代表的成熟股票市场上，信息披露质量较高的上市公司股权融资成本较低。我国上市公司的信息披露质量也一直受到人们的广泛关注。以往研究发现，我国上市公司为了达到股权再融资等政策要求，盈余管理行为十分普遍，信息披露质量较低。在这种情况下，我国上市公司的信息披露质量是否会对其股权融资成本产生影响呢？汪炜、蒋高峰（2004）以我国上海股票市场A股上市公司作为样本进行了研究，发现在控制公司规模和财务杠杆率的条件下，2002年全年临时公告和季报数量较多的样本公司，其采用3年股利折现模型计算的2002年权益资本成本较低。我们采用剩余收益模型计算上市公司的股权融资成本，分别以披露总体质量与盈余披露质量指标反映上市公司的信息披露质量，研究中国上市公司的信息披露质量与股权融资成本之间的关系。研究发现，在控制β系数、公司规模、账面市值比、杠杆率、资产周转率等因素的条件下，信息披露质量较高的样本公司边际股权融资成本较低，说明我国上市公司的信息披露质量会对其股权融资成本产生积极影响。此外，盈余平滑度和披露总体质量是影响样本公司股权融资成本的主要信息披露质量特征，盈余平滑是样本公司股权再融资之前盈余管理的主要表现。 我们的研究发现具有如下政策含义：（1）信息披露质量较高的上市公司股权融资成本较低，说明信息披露有其经济后果，也说明我国证券市场上的投资者已经能够在一定程度上区别对待信息披露质量不同的上市公司。因此有必要进一步加强股权再融资与信息披露质量的联系，并探讨提高信息披露质量的途径，促进上市公司通过提高信息披露质量来改善融资效率。（2）样本公司盈余平滑多于盈余激进的现象，表明我国上市公司的行为的确受到有关政策的影响。但盈余平滑与上市公司股权融资成本的显著关系表明，上市公司将为其盈余管理行为付出一定的代价。因此，上市公司虽然会根据监管政策采取一些机会主义行为，但市场能够在一定程度上察觉上市公司的行为并作出相应的调整。因此，监管政策是否应当调整主要看其总体的效果。（3）披露总体质量能够影响上市公司的股权融资成本，表明有必要在目前信息披露规则框架的基础上，由公正独立的机构开发和建立一套上市公司信息披露质量的评价指标体系，将我国上市公司信息披露的真实水平传递给投资者，从而使信息披露质量对股权融资成本的影响变得更为明显，这将有利于股票市场功能的有效发挥，进而使得社会经济资源的配置向着更加良性的方向发展。

长期以来，多元化问题一直是产业组织理论、战略管理和公司财务领域关注的热点问题，也是一个一直存在着极大争议的话题。在这一领域，学者们主要是从两个角度进行研究的：一是多元化动机的研究，即为什么企业要进行多元化经营；另一个角度是多元化的经济后果，即多元化为公司创造了价值，还是损害了公司价值。我们认为，无论是从多元化动机方面考虑，还是从多元化的经济后果方面考虑，资本成本都是一个不应该被忽略的因素。首先，资本成本与资本的使用效率相关联，通过对资本成本的考察，可以间接地了解到不同经营模式公司的资本使用效率情况；其次，资本成本将影响到公司绩效，从而影响公司价值。但是，纵观国内外现有的文献，资本成本并没有引起该领域学者们的关注。尽管经济理性假说从财务协同效应角度分析过公司多元化的动机，但是，这一分析只是从信息和资源配置角度来阐述多元化所形成的内部资本市场效率,并没有涉及资本成本。而对多元化经济后果进行研究的学者主要关注的是多元化对公司价值的影响,资本成本也被忽视了。我们认为,从资本成本角度对多元化这一争议极大的问题进行研究,既可能为公司多元化经营的动机,同时也可能为多元化经营的经济后果提供新的解释。我们从期权定价理论和内部资本市场效率理论所暗含的资本成本与多元化之间的关系入手,以 2001-2004 年我国上市公司为例,对多元化与公司权益资本成本及总资本成本之间的关系进行了实证检验。研究结果表明,多元化与公司的权益资本成本呈显著的正相关关系,即公司的多元化提高了公司的权益资本成本;但多元化与公司的总资本成本呈显著的负相关关系,即公司的多元化降低了公司的总资本成本。我们的研究启示是:首先,从资本成本角度来研究公司多元化经营这一具有极大争议的问题可能是一个新的视角,更有助于我们深化对公司多元化经营模式选择的理解;其次,多元化公司由于可以通过内部资本市场实现资本在公司内部的最优配置,使各业务单元较好地实现财务协同效应,同时,内部资本市场的存在使多元化公司的有成本资本的使用率极大地降低,即多元化公司较专业化公司获得了更多的不需要支付成本的资本,充分地提高了公司现有资本的使用效率,从而降低了公司的总资本成本,因此,多元化经营模式的选择是可以为公司创造更大价值的;最后,负债的使用可以降低公司的总资本成本,这一点无论是对多元化公司还是专业化公司都是适用的,这意味着我国上市公司总体而言还具有一定的增加负债融资的空间。

两权分离使得投资者与管理层之间出现了信息不对称，从而产生逆向选择行为。即在缺乏充分控制、有效监督以及公开透明的财务信息的情况下，投资者由于无法辨别企业的真实价值，就会寻求价格保护机制来降低预期代理成本。这种逆向选择行为导致了公司股权融资成本的增加。那么，在我国上市公司的再融资过程中，良好的公司治理能否降低中国投资者的逆向选择程度，进而降低公司的股权融资成本，便是一个值得关注的问题。从国外相关研究文献来看，公司治理与股权融资成本关系的基础性研究，主要包括两个部分：一个部分侧重于分析公司治理如何降低代理成本。如施莱弗和维什尼（Shleifer and Vishny, 1997）在文献综述的基础上，详尽地分析了公司治理能够降低代理成本的原因，认为公司治理就是研究投资者如何从管理层那里取回自己投资和收益的机制。布希曼和史密斯（Bushman and Smith, 2001）则依据信息不对称理论，强调财务信息这一特定信息的披露制度作为公司治理机制对于降低代理成本的重要意义。贝希特、博尔顿和罗尔（Becht, Bolton and Roell, 2005）认为公司治理能够有效解决代理问题中存在的搭便车问题等。另一个部分则关注公司治理水平在促进资本市场发展，提高投资者信心，以及提高企业权益融资能力方面的研究（LLSV, 1997；Iskander and Chamlou, 2000）。随后，一些学者开始了公司治理对股权融资成本影响的实证分析。但是，利用中国资本市场数据实证性研究公司治理与股权融资成本关系的文献尚不多见，已有研究集中在公司治理机制对企业绩效的影响，包括董事会机制与独立董事制度的影响，大股东机制的影响，以及管理者薪酬激励机制的影响等。我们在这方面的研究和贡献主要在于：（1）通过实证性检验股权结构机制、董事会治理机制、管理层薪酬机制、企业控制权竞争机制及中国特色的控股机制等公司治理机制对股权融资成本的影响，发现董事会治理机制确实能够降低股权融资成本，股权结构机制、管理层薪酬机制和企业控制权竞争机制对股权融资成本的影响不能确定，而中国特色的控股机制会提高股权融资成本。（2）在检验单一治理机制对股权融资成本影响的基础上，还检验了综合治理机制对股权融资成本的影响，发现尽管有些单一治理机制对股权融资成本的影响不确定，但综合治理机制确实能够对股权融资成本的降低产生积极作用。

审计师对被审计单位的会计报表及其相关资料进行独立审查并发表意见，以提高会计信息的可靠性，从而降低信息的不对称性所产生的风险，进而降低被审计单位的潜在资本成本（Khurana and Raman, 2004）。但是，审计是否会产生真实的经济后果？资本市场的投资者是否会关注审计？这是审计研究的基础问题之一。以往研究，多从事务所一方来研究，而作为审计契约的另一方上市公司却少有文献关注。在新兴市场国家中，企业集团是主要的企业组织形式（Khanna and yafeh, 2007），同一企业集团内的多家上市公司可能委托同一家事务所审计（以下将此简称为"集团统一审计"）。以往研究发现，集团统一审计会影响审计质量，特别是小所统一审计和本地所统一审计可能会降低审计质量；此外，制度环境的改善可以缓解统一审计所产生的负面影响。集团统一审计对审计质量的潜在影响是否会转化为有形的资本成本影响？或集团统一审计是否会产生实质的经济后果？这是一个需要回答的问题。我们主要研究市场如何看待集团统一审计，集团统一审计会不会存在真正的经济后果、会不会影响公司真实的权益资本成本；进一步而言，不同的事务所进行统一审计是否会存在明显不同，以及法律环境是否会对统一审计的经济后果产生影响。研究发现，整体而言，集团统一审计并不能降低资本成本，反而会提高资本成本；进一步的研究发现，不同的事务所进行统一审计存在明显不同：从事务所规模来看，选择小所进行统一审计可能提高资本成本，而大所统一审计对资本成本没有影响；从地域来看，选择本地所进行统一审计可能提高资本成本，而异地所进行统一审计对资本成本没有明显影响。此外，法律环境的变化对统一审计的后果也存在明显影响，在法律环境改善之后统一审计可以降低资本成本。我们研究的主要贡献在于：一是给出了不同审计师选择的直接经济后果影响。范和王（Fan and Wong, 2005）研究发现，有再融资动机的企业倾向聘请高质量的事务所，目的可能是为了降低资本成本。我们进一步研究发现，聘请大所进行统一审计，相对于聘请小所的确能降低资本成本。我们的研究为范和王（2005）的研究提供了更为直接的证据。二是发现国有企业内不同的审计安排对资本成本的影响存在明显差异。陈等（Chen et al.，2011）研究发现，我国国有企业和非国有企业之间审计师对资本成本的影响存在明显不同，且大所和小所之间也存在明显差异；但在国企中不同的事务所审计对国企资本成本并没有明显的影响差异。然而，陈等（2011）的研究忽略了我国大部分的国有企业集团特征。当我们仅以国有企业作为研究样本，并考虑集团特征的影响，发现集团统一审计会提高公司的权益资本成本，且主要是由于小所进行的集团统一审计所导致。三是进一步扩展了政治地域关系的文献。已有研究发现，本地所（特别是本地小所）更有可能由于政治经济关联而损害审计质量，我们发现雇佣本地所进行集团统一审计的更为直接的经济后果，即是提高了上市公司的权益资本成本。四是发现法律环境变化对集团审计师选择经济后果的影响。库拉那和拉曼（Khurana and Raman, 2004）发现只有在美国，雇佣高质量的事务所才能降低权益资本成本，而在加拿大、英国等国家则没有发现雇佣高质量事务所对权益资本成本影响的证据。他们认为，相对于法律风险而言，事务所的品牌或声誉对权益资本成本的影响是次要的。我们的研究发现提供了在同一国家内法律环境变化对资本成本影响的证据，降低了以往跨国研究中不同经济文化等背景所产生的内生性问题，丰富了法律环境影响审计师行为的文献。

(四) 关于融资行为问题研究

关于融资行为问题，我们主要研究了我国上市公司融资行为的影响因素、股权融资偏好、商业信用、以及产业政策和银行关联与企业债务融资之间的关系等[①]。

中国上市公司的融资行为存在显著的股权融资偏好（黄少安和张岗，2001）。关于这一问题的一些实证研究（高晓红，2000）发现，偏好股权融资的原因是股权融资成本偏低。事情真的就这么纯粹吗？利用资本市场数据进行的实证研究确有许多优势，但其特征是并不直接观察上市公司的"行为过程"，而是"根据资本市场运行'结果'数据来推论上市公司的'行为过程'"。在做这种推论时，只有同时具备科学的理论依据和严密的逻辑过程，才不至于出现偏差。而这两点有时难保同时满足。若是如此，实证研究的数据结果即便真实可靠，但其推论也未必符合实际。为此，直接关注"行为过程"的问卷调查分析，或许能够对上述实证研究发现起到一定的弥补或修正作用。我们对上市公司融资情况的调查，主要是围绕融资方式基本情况、融资偏好、公司债券的发行及资本结构等四个方面展开的。

---

① 代表性论文包括：陆正飞、高强：《中国上市公司融资行为研究》，《会计研究》，2003年第10期。陆正飞、叶康涛：《中国上市公司股权融资偏好解析》，《经济研究》，2004年第4期。陆正飞、杨德明：《商业信用：替代性融资，还是买方市场？》，《管理世界》，2011年第4期。祝继高、韩非池、陆正飞：《产业政策、银行关联与企业债务融资》，《金融研究》，2015年第3期，总417期，第176-191页。

调查问卷中设计的具体问题如下：(1) 公司上市后曾经使用过的融资方式有哪些；(2) 公司作出上述融资选择时考虑的影响因素；(3) 公司对股权融资和负债融资有无偏好；(4) 如果公司偏好股权融资，其原因是什么；(5) 如果公司偏好负债融资，其原因是什么；(6) 如果公司在上市后发行过公司债券，债券的融资额占外部融资总额的比重为多少；(7) 如果公司上市后未曾发行过公司债券，未发行债券的主要原因是什么；(8) 公司是否应该设定一个"合理"的目标资本结构；(9) 公司目前的资产负债率为多少；(10) 公司的最高承债能力为多少。研究发现，中国上市公司的融资行为，既表现出与经典理论相符的一面，又表现出一些鲜明的特点，其中最为突出的一个特征便是"股权融资偏好"。这中间既有资本市场的制度背景方面的原因，也有公司治理方面的原因。根据上述研究发现，提出政策如下建议：(1) 监管政策应该有助于弱化上市公司的股权融资偏好。例如：可考虑转变股权融资资格的确认方式，将关注的焦点由过往年度的净资产收益率转向募集资金项目的预期收益率。(2) 适当放宽债券发行的审批条件。国家放宽债券发行的审批条件，可能会增加一定的风险，但其积极意义也不容忽视——拓宽公司融资渠道，为企业优化资本结构提供更好的外部环境。(3) 完善公司的治理结构。一是培育和完善企业家市场，让经营者产生于市场又受制于市场，而不是被当作"干部"任命；二是防止国有股权代表由"外部人"变成"内部人"并与经营者串谋；三是完善经理层的薪酬激励制度，实施兼顾短期和长期激励的经营者激励机制。

中国上市公司存在显著的股权融资偏好（黄少安和张岗，2001）。而西方的理论和实证研究都表明，企业优先偏好内部融资，其次是债务融资，最后才是股权融资，即所谓的融资顺序理论（Myers，1984；Myers and Majluf，1984）。为什么我国上市公司的融资选择偏好不符合该理论？对此，我国学者多将其归因于中国上市公司的股权融资成本偏低（黄少安和张岗，2001；高晓红，2000）。然而，我们的研究显示，一些实施了股权融资的公司，其股权融资成本要远高于债权融资成本，而另一些股权融资成本较低、同时也具备股权再融资条件的企业却选择了债权融资，这说明融资成本未必是解释公司融资行为的唯一因素。西方有关企业融资行为的研究确实表明，企业融资行为除了受到融资成本制约之外，还受到破产风险、负债能力约束、代理成本和控制权等因素的影响（Harris and Raviv，1991；Tirole，2001）。因此，仅从融资成本角度来解析我国上市公司的融资行为，很可能是不够的。为此，我们在更加精确测算我国上市公司融资成本的基础上，从一个更为广阔的角度考察我国上市公司的融资行为和融资偏好。我们的研究目的，主要是想解答如下两个问题：(1) 中国上市公司的股权融资偏好行为是否完全缘于股权融资成本偏低？ (2) 如果不是的话，那么还有哪些因素能够解释我国上市公司的股权融资偏好现象？研究表明，虽然我国上市公司的股权融资成本平均而言要低于债权融资成本，但这并不能完全解释我国上市公司的股权融资偏好行为。当我们进一步从破产风险、负债能力约束、代理成本和控制权等因素考察我国上市公司融资行为的影响因素时，发现企业资本规模和自由现金流越低，净资产收益率和控股股东持股比例越高，则企业越有可能选择股权融资方式。但我们的研究未发现破产风险和成长性指标对企业融资决策有影响。同时，研究还发现，上市公司股权融资概率和股权融资成本正相关，这也许反映了股权融资企业的业绩相对较高的事实。无论如何，我们的研究结果并不支持"上市公司股权融资偏好行为完全缘于股权融资成本偏低"这一假说。我们的研究发现具有如下政策含义：(1) 企业的实际融资行为是企业内部人在面临多种约束条件下谋求自身效用最大化的结果。因此，股权融资成本较高的企业反而选择股权融资，更有可能反映了我国上市公司内部人目标函数与社会最优目标函数之间的偏离。因此，有必要从影响企业内部人融资决策的决定因素出发，探讨如何通过改变对企业内部人的激励机制，使内部人的目标函数与社会最优目标函数尽可能保持一致。(2) 资本规模、企业业绩、自由现金流以及控制权等因素对企业内部人的融资决策有影响，如果说前三个因素属于合理因素的话，那么第四个因素也许反映了我国上市公司内部人可以通过股权融资获得巨大隐性收益的事实。因此，如何有效限制企业内部人对上市公司的掠夺程度，也许是制止这些公司过于偏好股权融资的有效措施之一。(3) 破产风险和成长性与企业融资决策无关，表明债权人（在样本期间）还没有建立起有效的贷款风险管理体制，同时也未对借款企业的投资行为进行有效约束，即存在较严重的债权人缺位现象。因此，如何通过银行体制改革，完善银行等债权人的内部激励机制和贷款管理水平，也是促进上市公司融资行为进一步优化的必要外部条件。(4) 资本规模与企业股权融资概率负相关的结论，表明小企业更为偏好于股权融资。因此，如何有效拓宽小企业的其他融资渠道，也许亦有助于避免我国上市公司过于偏好股权融资。

大量研究表明，商业信用作为一种重要的融资方式，在各国企业间得到了普遍应用。例如，约有70%的美国公司和80%的英国公司向客户提供商业信用（Petersen and Rajan，1997）。在一些国家，商业信用的使用甚至远远超过了企业从银行获得的融资额（Lee and Stowe，1993）。而我国作为金融体系尚不太健全的发展中国家，商业信用对国民经济（尤其是非国有经济）的支持，可能会超过银行贷款（Allen et al.，2005）。那么，商业信用为什么会大量而普遍地存在呢？一个普遍被接受的观点是，商业信用的存在是供给与需求共同作用下的一种均衡（Ge and Qiu，2007）。从供给和需求的角度来看，主要有两种理论，即替代性融资理论与买方市场理论。其中，替代性融资理论认为，商业信用的大量存在，主要源自信贷配给（Petersen and Rajan，1997）。信贷配给的存在使得有些借款者无论愿意支付多高的贷款利息，都可能无法获得充足的银行贷款。在这种情况下，这些难以从银行获得贷款的企业，就会转而求助于供应商（商业信用的主要债权人），需求导向促使商业信用成为银行贷款的一种重要的替代性融资方式（Petersen and Rajan，1997）。而买方市场理论（Fabbri and Menichini，2010）则认为，商业信用大量而普遍地存在，主要是与买方（客户）强势、客户信用良好有关，供应商为了促使其产品尽快地销售,愿意为这些客户提供商业信用。需要指出的是,与国外研究情况类似,针对我国的一些研究结论也并不一致,既有支持替代性融资理论的证据,也有支持买方市场理论的证据。例如,葛和邱(Ge and Qiu, 2007)的研究验证了替代性融资理论。然而,谭伟强(2006)却发现国有上市公司商业信用高于非国有上市公司,这显然有悖于替代性融资理论。我们认为,不同的外部经济环境,尤其是不同的货币政策,应当是影响商业信用大量存在的重要因素。这是因为货币政策是影响企业投资、筹资和现金持有状况的重要因素,而商业信用与企业的现金、融资等因素直接相关。与以往研究不同,我们考察了货币政策对我国上市公司商业信用的影响,利用我国上市公司 1997 年至 2008 年相关财务数据,检验以上两个理论。研究结果表明,在货币政策宽松时期,商业信用的存在符合买方市场理论。这是因为,在货币政策宽松时期,企业可以较为便利地获得银行贷款,对现金的需求有所减少,因此,供应商乐于向信用良好的客户提供商业信用,以促成其产品的尽快销售。而在货币政策紧缩时期,商业信用的存在符合替代性融资理论。这与货币政策紧缩时期资金的机会成本大幅度提高有关,而且货币政策紧缩时期我国资本市场的信贷歧视问题有进一步加剧的趋势,这会进一步加剧那些缺乏银行贷款的企业(尤其是非国有上市公司)对商业信用的需求。进一步的研究发现,商业信用债权人较银行具有明显的信息优势,可以更好地预测企业未来业绩。故当企业拥有超额商业信用时,其市场价值也更高。尤其是在货币政策宽松时期,由于商业信用的存在符合买方市场理论，商业信用的成本应当较低，超额商业信用对公司市场价值的正面影响更大。

融资约束是企业在发展中普遍面临的一个重要问题。在信息不对称的条件下，信贷市场存在信贷配给 (Jaffee and Russel, 1976；Stigliz and Weiss, 1981)，企业普遍面临融资约束。在转型经济国家，由于市场机制不完善，企业普遍存在通过声誉、人际关系等替代机制来帮助其获得融资 (Allen et al, 2005)。企业如何通过替代机制打破制度环境束缚，突破其发展瓶颈便成为学界关注的一个重要问题。已有研究主要探讨企业如何通过政治关联来帮助其缓解融资约束，突破行业壁垒和实现企业发展。但是，建立和维持政治关联需要一定的成本，而且政治资源的数量也是相对有限的。我们注意到，企业聘请有银行背景的人士担任董事是一种较为普遍的现象。我们首先构建了银行关联缓解企业融资约束的理论分析框架，并在此理论框架下探讨企业如何通过聘请曾经或者现在在商业银行工作的人士担任公司的董事（建立银行关联）来规避制度环境（具体体现为国家的产业政策）对其的不利影响，并实现自身的发展。我们以2001-2010年A股上市公司为样本，从产业政策的视角深入探讨了企业建立银行关联的动机及其对债务融资的影响。研究发现，产业政策是影响企业建立银行关联的重要因素，不属于产业政策支持行业的企业更有动机去建立银行关联。总体而言，企业建立银行关联能够增加企业的银行借款总额和长期借款，这体现出银行关联的资源效应和信息效应。我们又将企业按是否属于产业政策支持的行业进行分组，发现不属于产业政策支持行业的企业建立银行关联会减少长期借款水平，并降低长期借款的波动性，以应对产业政策对长期借款的限制，这体现出银行关联的管理效应。我们还检验了银行关联和政治关联这两种非正式制度对于企业债务融资的共同影响。研究发现，对于不属于产业政策支持行业的企业而言，银行关联与政治关联具有一定的互补作用；对于属于产业政策支持行业的企业而言，银行关联与政治关联具有一定的替代作用。总之，银行关联能够优化债务融资决策，缓解企业的融资约束。相比已有的研究，我们研究的理论贡献主要体现在三个方面：第一，丰富了转型经济国家企业如何通过替代机制缓解融资约束实现企业成长的文献。艾伦等（Allen et al., 2005）指出，企业通常会利用声誉、人际关系等替代机制来帮助其获得融资，但是他们并未明确指出替代机制都包括哪些途径和手段，也未详细阐述这种替代机制是如何发挥作用的。论文建立了银行关联缓解企业融资约束的理论分析框架，并实证检验了银行关联如何帮助不属于产业政策支持的企业获得债务融资，提高债务融资效率。这对艾伦等（2005）的研究结论是重要的补充，同时也为理解企业如何突破制度约束所带来的发展瓶颈提供了一个合理的视角。第二，分析了银行关联与政治关联的互补效应和替代效应，进一步明确了不同的替代机制之间的关系。银行关联与政治关联是两种在新兴市场国家广泛存在的非正式制度，但是目前较少有文献分析这两种非正式制度是如何相互影响的。论文的结论发现银行关联和政治关联对于缓解企业融资约束的作用机制受到产业政策这种正式制度的影响,这对银行关联和政治关联的文献是有益的补充。第三,以"十五"和"十一五"期间的产业政策为切入点,将宏观经济政策与企业财务行为相结合,探讨了产业政策如何影响微观经济中企业建立银行关联的行为和效果。正如姜国华和饶品贵(2011)所指出:"我们缺乏对宏观经济政策与波动和企业微观主体行为与业绩之间关系的研究,缺乏从宏观到微观的传导机制的研究"。我们的研究分析了产业政策对于企业建立银行关联的影响以及银行关联如何帮助企业应对产业政策,从而进一步拓展了宏观经济政策与微观企业行为的研究框架和思路。

(五)关于投资行为问题研究

关于投资行为问题,我们主要研究了负债融资与投资行为、持股银行的经济后果、公司治理与过度投资等[1]。

---

[1] 代表性论文包括:童盼、陆正飞:《负债融资、负债来源与企业投资行为》,《经济研究》,2005年第5期。Bank Discrimination, Holding Bank Ownership, and Economic Consequences:Evidence from China, Journal of Banking & Finance, No.36 2012, Zhengfei Lu, Jigao Zhu, Weining Zhang;张会丽、陆正飞:《现金分布、公司治理与过度投资》,《管理世界》,2012年第3期。窦欢、张会丽、陆正飞:《企业集团、大股东监督与过度投资》,《管理世界》,2014年第7期。

我国上市公司的投资行为呈现出的一些耐人寻味的现象，如频繁变更募集资金投向、投资效率和效益低下等。这些都引起了学者们的浓厚兴趣。人们从不同侧面对上市公司的投资行为进行了剖析，但从融资行为入手分析其对企业行为影响的研究则相对较少。而且，关于投资的融资约束问题的实证研究，大多集中于研究内部现金流对企业投资的影响，即关注企业内外部融资的资本成本差异，而较少涉及不同方式的外部融资对企业投资行为的影响。我们研究了作为外部融资方式之一的负债融资对企业投资行为的影响，以从负债融资这一特定的侧面对我国上市公司的投资行为提供一种解释。负债融资对企业投资行为影响的理论基础主要有以下两种：一种理论认为，负债融资带来了股东与债权人之间的利益冲突。在假设股东与经理利益一致的前提下，股东—经理为使股东财富最大化，会在投资决策时选择那些能够增加股权价值但会减少整个企业价值（也即减少债权价值，下同）的项目，或放弃那些能够增加企业价值但会减少股权价值的项目，从而产生过度投资或投资不足，损害债权人及企业整体利益。按照这一理论，负债融资既可能导致企业过度投资，也可能导致企业投资不足。另一种理论则认为，负债融资能够抑制股东—经理冲突，即将负债视为一种公司治理的工具。经理人员为了寻求高于市场水平的薪金、津贴和工资的愿望，有着扩大企业规模的冲动。所以，当企业拥有过多的剩余现金流时，经理可能会将其投资到能够扩大企业规模但未必具有良好盈利性的项目。而负债融资能够减少这种股东—经理冲突所导致的过度投资行为。按照这一理论，负债融资可以抑制企业的过度投资行为。当然，无论是我国的证券市场，还是上市公司的治理结构，以及企业的历史背景和当前所处的经济环境等都有别于西方企业，因此，上述理论是否能够用来解释我国上市公司的投资行为，尚有待实证检验。我们利用我国上市公司的数据，实证检验了负债融资对企业投资行为的影响，并分析了不同来源负债对企业投资行为影响的差异，揭示了我国上市公司中股东—债权人冲突和负债作为治理机制所带来的经济后果，并为改进企业融资结构和优化企业投资行为提供政策建议。研究表明，在我国上市公司中，负债融资影响着企业的投资行为，负债比例与企业投资规模之间呈现负相关关系。为了识别股东—债权人冲突和负债相机治理作用各自对企业投资行为产生的影响，我们根据新增投资项目风险与投资新项目前企业风险的大小关系，将样本分为高项目风险企业和低项目风险企业。研究发现，在低项目风险企业中，既存在股东—债权人冲突引发的投资不足，又存在负债相机治理作用对过度投资的约束，使得负债比例与企业投资规模负相关。在高项目风险企业中，既存在股东—债权人冲突引发的过度投资，也存在负债相机治理作用，但由于负债的相机治理作用更强些，所以负债比例与企业投资规模仍然负相关，但其相关程度比低项目风险企业小。我们还发现，在我国上市公司中，不同来源的负债在公司治理中所起的作用不同，不同来源的负债所引发的股东—债权人冲突的程度也有所不同。与银行借款相比，商业信用的债权人对企业的约束相对较少，股东更易通过歪曲投资来损害他们的利益。

许多研究发现，非国有企业更有可能面临银行的信贷歧视，因此，它们更有必要通过一定的方式与银行建立经济关联。我们的研究发现，与国有企业相比较，非国有企业更有动机持有银行股份。我们还发现，持有较多银行股份的非国有企业，其利息费用较低，且在银根紧缩时期较少增加现金持有但较容易获得短期贷款。持有银行股份的企业也具有较好的业绩。我们的研究提供了面临信贷歧视的企业会通过持有银行股份改善银企关系这一证据；拓展了关于转型经济中公司如何避免融资约束的理解；延展了有关关系贷款的研究发现；率先研究了持有银行股份对企业现金持有决策、借款行为和财务业绩的影响。

代理成本是影响企业自由现金流投资效率的重要根源。受财务报告披露条件的限制，现有文献在实证研究中通常以合并报表现金余额，来考察集团内部所有法人主体的现金持有总量对总体投资效率的影响。其隐含的假定是，现金在企业控制链上下游的分布状况对总体使用效率的影响无显著差异，亦即假定在母子公司制的企业集团中，现金由母公司或子公司持有对总体投资效率具有同质影响。我们以2001-2009年我国A股上市公司为研究样本，以上市公司子公司的现金持有状况为考察对象，实证检验了企业集团内部现金在母子公司间的分布状况对公司总体过度投资水平的影响。结果表明，在企业的总体持现水平一定的条件下,现金在母子公司间的分布越为分散,即子公司持现比率越高,集团整体的过度投资水平越严重。进一步的研究显示,完善的公司治理机制能够在一定程度上降低子公司持现对企业整体过度投资的影响。上述研究结论表明,企业集团内部的现金管理与控制,即现金在母子公司间的分布状态将对企业投资效率产生重要影响,而公司内部治理机制的改善可以有效降低下级控制链上的多重代理成本,进而抑制过度投资的发生。我们的研究可能将在以下三个方面具有一定贡献:首先,在母子公司组织结构的框架下扩展和丰富了有关自由现金流代理成本的相关文献。其次,深化和拓展了公司治理机制影响企业运营效率与股东财富最大化目标的作用机制和影响渠道。再次,对于我国上市公司加强对子公司的财务控制具有重要的启示意义。

通过内部资本市场运作将内部资金在成员企业间进行统一调配,从而有效缓解来自外部资本市场的融资约束,是企业集团在新兴市场国家盛行的重要原因之一。然而,集团内部资金的调配机制能否确保成员企业对资金的使用效率?这是需要研究的问题。我们采用2003-2012年所有A股上市公司(非金融类公司)作为研究样本,考察企业集团的存在是否会加重下属上市公司的过度投资程度。实证结果发现,相比独立的上市公司,隶属于企业集团的上市公司过度投资程度更加严重。进一步对可能出现的外部融资约束如何影响上述关系进行了考察。结果发现,当可能面临外部融资约束时,相比独立的上市公司，隶属于企业集团的上市公司过度投资现象也会更加严重。我们还考察了企业集团内部的公司治理能力能否抑制下属上市公司的过度投资行为。结果发现，控股股东对下属上市公司的监督能力越强，其对下属上市公司的过度投资行为的抑制作用越强。我们研究的贡献是：第一，我们发现企业集团的支持会加重下属上市公司的过度投资程度，其可能的作用机制在于企业集团可使下属上市公司获得更多的自由现金流，这为企业集团如何影响上市公司的过度投资提供了新的证据。第二，我们的研究还发现在上市公司可能面临外部融资约束的情况下，企业集团的内部资本市场能够帮助成员上市公司克服融资问题。这也为我们理解企业集团及内部资本市场的运作提供了更多的证据。第三，我们考察了以往文献没有涉及的企业集团内部治理作用，发现企业集团母公司对上市公司的监督力度越强，越能抑制下属上市公司的过度投资程度。这不仅为了解企业集团的内部治理能否有效限制下属子公司的寻租行为提供了证据，也为企业集团与其下属上市公司之间的交互关系提供了新的视角，补充了关于企业集团内部治理问题的文献。第四，我们的研究进一步丰富了过度投资的相关文献，以往的文献往往从独立公司角度出发去研究过度投资问题，鲜有文献对隶属于企业集团的成员企业进行考察，我们正是从这个角度对已有的与过度投资相关的文献进行了补充。

三、产权保护导向的会计研究

(一) 缘起

在我国计划经济时期,会计学教科书中描述的会计任务之一是"保护社会主义财产安全"。这与西方市场经济国家所强调的"产权保护"或曰"投资者保护"似乎是风马牛不相及的,但仔细分析依稀可见其相通之处。在计划经济时期,我国企业的出资人主要是中央或地方政府,企业多为国有企业(严格地说,当初叫"国营企业",下同)。企业主要的产权所有者是国家或者说是政府。因此,"保护社会主义财产安全"的涵义基本等同于"保护出资人利益"。当然,它们之间的差异主要在于:政府以外的出资人利益要不要保护?如何保护?是否与国有资产一样加以保护?这些在计划经济时期显然是被忽略或者至少可以说没有受到同样程度重视的。随着中外合资企业、乡镇企业、民营企业、股份制企业等企业组织的发展,企业产权主体日益多元化,平等保护所有产权人利益的理念,在包括宪法在内的法律法规的修订过程中得到了越来越充分和具体的体现。

与之相适应，会计制度和会计准则改革，也需要体现这样的理念转变。否则，会计就难以在促进社会经济发展和完善市场经济秩序中发挥积极的作用。

尤其是，始于20世纪90年代初的股票市场和上市公司的迅速发展，大力推动了我国企业会计准则的建立和发展，也大大促进了会计实务的进步。大量分散的股票投资者作为上市公司的"外部人"，通常难以参与到企业的经营管理过程之中。他们如果不能获得高质量的会计信息，决策判断就会失去有效的信息基础，产权人利益就难以得到有效保护。因此，会计是否有效保护了股东、债权人等产权人利益？如何建立和完善机制提高产权人利益保护程度？这些便构成了产权保护导向会计研究的基本话题。就我自己的研究经历而言，在比较国际会计问题的研究过程中，业已就我国会计改革尤其是会计目标的优化问题进行了较为深入的探讨，注意到了市场经济发展对会计工作提出的新要求，意识到了会计不仅要服务于国家宏观经济决策与管理，也要为股东、债权人提供决策所需的信息。但是，真正比较系统的研究产权保护导向的会计问题，主要是从21世纪初开始的。这是因为，我国证券市场和上市公司发展了一个阶段之后，投资者保护的呼声才日益高涨。

2004年，国家自然科学基金会管理科学部召集会计学界部分学者，讨论会计学领域第一个国家自然科学基金重点项目的项目名称和主要研究问题。由于是会计学领域第一个重点项目,基金委领导们高度重视,会计学界参加讨论的教授们也极为认真。讨论之初,意见比较分散。经过多次讨论,逐渐集中于"产权会计",但关于"产权会计"究竟应该研究哪些问题的理解,却存在不小的分歧。经过多次讨论和交流,最终还是基本达成共识,将重点项目名称确定为"产权保护导向的会计研究"。经过申请和评审,我作为负责人的北京大学课题组和魏明海教授作为负责人的中山大学课题组获得批准。虽然是同样的项目名称,但这两个课题组提交的申请书所提出的研究问题和研究设计还是存在比较明显的差异,各有侧重,也各有特色。基金委也希望两个课题组的研究具有一定的互补性。

为投资者提供决策有用的会计信息,是现代经典会计学的基本假设。在此假设下,企业以定期财务报告(如年度报告)等方式向投资者提供会计信息,以降低投资者评估企业未来现金流及其风险时所面临的不确定性,从而改进其投资决策。经典会计学认为,如果会计信息被证明起到了上述作用,会计就被认为是具有生命力的,也即会计就有其存在的价值。然而,随着会计研究的不断深入,许多学者越发意识到,对会计提出要求者,不仅仅限于投资者,而是包括投资者在内的多种利益相关者或曰产权主体(诸如经营者、员工、债权人、股东、政府、消费者、社会公众等,下同)。之所以如此,其根本理由就是各利益相关者为了保护他们各自的产权:从企业获取他们自己该分享的利益(如员工报酬),或避免不该由他们自己承受的来自企业的损害（如企业环境污染对社会公众的损害）。因此，产权保护导向的会计研究，其重点就在于研究各利益相关者的产权得到平等保护条件下的企业行为、会计规则的制定与执行、会计信息质量与披露程度及其在产权保护中的功用。

在中国开展产权保护导向的会计研究有其特殊意义。大多数中国企业的股权结构、委托代理关系及公司治理特征，既不同于英美模式（股权分散），也不同于欧洲大陆及日本模式（家族大股东或主银行控制），而是表现为：大股东（国家或国有法人）一股独大，公司内部治理上缺乏第二、三大股东的有效制约；国有股权事实上的"虚位"，委托人追求自身利益最大化的经济学假设不再成立；多重委托代理关系，利益冲突存在于多个个体之间。此外，中国企业的外部治理机制，诸如证券市场监管、职工和消费者权益保护、环境保护等方面的法律法规及其执行，以及中国几千年历史积淀所形成的文化特质，与西方发达国家存在诸多差异。因此，在中国社会经济及文化背景下进行产权保护导向的会计研究，必将丰富和发展产权保护导向的会计理论。本项目通过借鉴国外在产权保护导向会计研究方面的研究方法和研究成果，结合中国实际，构建比现有文献更为丰富的多重委托—代理关系模型和委托—代理—监督模型，在各利益相关者的利益得到平等保护的条件下，设计机制使经营者能够诚实披露会计信息，研究会计规则制定与执行的制度安排和行为特征，增进对会计信息在中国制度背景下产权保护中的功用的认识和理解，进而为我国会计规则制定和执行监管，会计信息质量和披露水平的提高，资本市场的发展和完善，以及企业其他内外部治理机制的改进提供理论基础。具体来说，产权保护导向会计研究有如下三大意义：（1）通过深入分析中国企业各利益主体的特征、各利益主体之间复杂的委托—代理关系、以及企业行为的外部性问题，并借鉴拉封和梯若尔（Laffont and Tirole；1986, 1988）的经典委托—代理模型和激励理论，建立体现中国国情的多重委托—代理模型和企业经营者真实披露会计信息的激励模型，为产权保护导向会计研究提供经济学理论基础。（2）通过分别就会计规则制定与执行过程建立利益相关者动态博弈模型，并运用问卷调查和案例研究等方法了解中国利益相关者对会计规则内容的需求、对参与会计规则制定的需求、以及对会计规则执行行为的反映，建立起体现中国利益相关者心理和行为特征的会计规则制定与执行的基本理论，对产权保护导向会计理论发展具有重要的理论创新意义。（3）通过构建中国资本市场环境下的可检验模型，对会计信息在产权保护中的功用、会计信息质量及其披露对产权保护的影响、以及会计信息质量及其披露水平的决定因素等进行实证分析，既为前述理论模型的进一步完善提供实证证据，同时又为完善公司治理机制、提高会计信息质量及其披露水平、以及改进我国会计规则制定与执行制度提供理论指导。

北京大学课题组从三个角度研究了产权保护导向的会计问题：产权保护导向会计的经济学分析；会计规则制订、执行与产权保护；

会计信息功用与产权保护。产权保护导向会计的经济学分析,主要研究产权保护导向会计的经济学基础,其内容包括两个方面:产权保护导向下企业行为的经济学基础和产权保护导向下利益相关者对会计规则和会计信息披露的要求。会计规则制订、执行与产权保护,主要研究会计规则制定与执行的基本理论,并结合中国具体实践,研究会计规则制定与执行基本理论在中国的实施问题。会计信息功用与产权保护,主要研究会计信息在产权保护中的功用及其改进途径,包括:会计信息在中国制度背景下产权保护中的应用;会计信息质量、披露与会计信息功用;会计信息质量与披露的影响因素。经过2006-2009年这四年的研究,北京大学课题组在国内外重要学术期刊上发表论文62篇①。在2010年5月国家自然科学基金委员会管理科学部组织的结题评审会上,北京大学课题组的研究工作和研究成果得到评审专家的充分肯定和高度评价,项目结题报告被评为优秀。这个项目结束之后,无论是基金委领导、评审专家,还是会计学界专家学者,都认为产权保护导向会计问题的研究很有意义,有必要进一步深化和细化该领域的研究。因此,基金委再次就如何深化和细化该领域研究征集各方面的意见和建议。经过多次讨论和

---

① 国际期刊14篇:*Journal of Financial Economics* 1篇,*Review of Accounting Studies* 1篇,*Journal of Accounting and Public Policy* 3篇,*Journal of Banking & Finance* 3篇,*International Journal of Accounting* 1篇,*Journal of Economics* 1篇,*Economics Letters* 1篇,*Journal of Business and Economic Statistics* 1篇,*International Review of Economics & Finance* 1篇,*Advances in Accounting* 1篇。国内期刊48篇,其中包括《经济研究》4篇,《管理世界》10篇,《会计研究》10篇,《金融研究》3篇,《审计研究》2篇,《中国会计评论》3篇,《经济科学》1篇,《南开管理评论》3篇,《金融学季刊》1篇,《经济学(季刊)》1篇,《数量经济与技术经济研究》1篇。

交流,最终将项目名称确定为"会计信息与资源配置效率"。我再次带领北京大学课题组申请并获得成功。

资源配置是指人们将各种资源以经济的方式,通过不同的渠道,分配到资源使用单位,以期获得收益的过程。由于相对于人们的需求而言,资源总是表现出稀缺性,因此人们有强烈的要求对有限的资源进行合理配置,用最少的资源耗费获取最佳的效益。为此,人们就会对相关的信息进行收集,作为判断和选择最佳资源配置方式的依据。资本市场中投资者对企业会计信息的需求即为其表现之一。会计信息是投资者分析公司投资价值最为基础的重要信息,也正因为如此,会计信息会影响股价形成,并通过股价影响资源配置效率(Francis et al., 2004)。

现代会计的主要职能,是向投资者反映关于微观企业的生产经营、投资、融资等各项经济活动的信息,帮助投资者对企业价值和风险进行评判,从而进行正确的投资决策;而从市场整体的角度来看,投资者正确的投资决策会促进资本市场的完善和发展,引导资源的合理分配和效率的提高(Kinney, 2001)。然而,会计信息对微观企业活动和状态的反映不可能是完美的,而是不可避免地会存在一定的偏差或噪音。这是因为:第一,企业经营的过程中本身存在不确定性,会计信息不可能完全反映出这些企业的不确定性;第二,会计信息在反映企业状况时,由于管理层自身的原因而产生的反映偏差或噪音（Francis et.al., 2005）。这些偏差和噪音的存在影响了会计信息的质量，造成了会计的信息风险，而会计的信息风险对投资者的投资决策产生一定的影响。

出于契约内部化及降低交易成本的需要，经由权益控股形成的母子公司制的集团企业日益盛行，且在新兴市场（如中国、巴西、智利、印度、韩国等）和少数发达市场国家（如意大利和瑞典）中甚为普遍（Khanna and Yafeh, 2007）。集团内部母、子公司等多个法人主体的存在，以及现代会计实践中的合并报表处理技术，使得集团合并报表信息与母公司报表信息之间产生了重要差异，从而投资者在认识和理解集团企业财务状况时，究竟应该如何合理利用合并报表信息和/或母公司报表信息，便成了颇有争议的一个问题，而对集团会计信息的不同理解，会影响集团企业及其内部的资源配置效率。与此同时，集团企业的内部治理状况，也会影响集团企业会计信息质量和资源配置效率。

作为企业最重要的资金提供者之一，债权人（由于国内企业利用债券市场的情形尚不普遍，课题中的债权人主要是指银行）无疑也是企业会计信息的主要使用者之一。会计信息较为全面地反映了企业财务状况和经营成果，是银行信贷决策的重要依据，也是银行与债务人签订债务契约的重要基础。莱夫特威克（Leftwich, 1983）认为会计信息影响债权人的决策和产权保护。因此，会计信息及其质量是影响信贷资源配置效率的一个重要因素。

研究会计信息质量对股票市场、信贷市场和企业内部资本市场资源配置效率的影响不能脱离宏观经济环境对各种市场微观主体行为的影响及两者的互动关系。股权分置改革为我们提供了一个独特的外生事件。在2005年开始的股权分置改革之前，我国上市公司存在两个基本特点：一是绝大部分上市公司存在着能够控制企业管理层的大股东，二是大股东持有的股票不可以在股票市场上流通。这两个特点导致大股东缺乏做好上市公司业绩的动力。同时，因为上市公司缺乏业绩和价值的增长性，投资者作为一个整体享受不到股票市场的价值创造效应，股票交易成为一个投资者之间的"零和游戏"，因此导致噪音投资盛行，噪音投资者比重很大。上市公司业绩造假现象严重，严重降低了会计信息质量，也导致投资者利用上市公司会计信息信心的损伤。因此，股权分置改革应该有助于改善会计信息质量，促进资源配置效率的提高。

基于以上分析，结合中国上市公司会计信息质量与披露的实际，重点关注揭示上市公司会计信息质量对企业内外资本市场资源配置效率的影响机理。主要研究内容包括：会计信息质量及其对资本市场资源配置效率的影响；会计信息风险与企业估值；会计信息、公司内部治理与（集团）内部资源配置效率；会计信息与信贷资源配置效率；股权分置改革对会计信息与资源配置效率关系的影响等。

本项目的研究意义主要是：（1）通过系统考察市场参与者的特征及其对会计信息质量的影响，描绘出从会计信息产生到其在资本市场发挥作用，和最终影响资源配置的整个过程，勾勒出会计信息质量影响资源配置的微观基础行为模式和特征。这对充实会计信息质量相关研究，系统认识会计信息质量对资源配置的影响，都具有重要的理论创新意义。（2）联系我国特殊的制度背景和市场环境，深入考虑会计信息风险和市场环境的互动关系，在控制内生性问题的基础上，综合考虑各种市场因素如何影响会计信息风险对公司估值的作用，并为监管机构的政策制定提供参考意见。这在促进学术发展和指导实践方面都具有重要意义。（3）充分利用我国财务报告的"双重披露制"以及特有的企业集团治理特征，考察会计信息、内部治理对集团内部资源配置效率的影响，关注集团统一审计、母公司委派非执行董事以及母子公司同业竞争关系等集团框架下的内部治理特征，在新兴市场国家的企业集团效率研究，以及会计信息质量与公司治理方面，都具有重要的理论和实际意义。（4）不仅关注会计信息对于债务契约中贷款定价的影响，还关注会计信息在债务契约执行和监督中的作用。依据银行股权结构，将债权人区分为不同类型，探讨不同类型的债权人是如何利用会计信息的，并从银行起诉上市公司贷款违约的角度分析会计信息是如何保护债权人利益的。这些研究在会计信息与信贷资源配置研究领域将具有重要的创新意义。（5）之前大量的"法与金融学"研究、会计信息与资本市场效率研究是静态研究，多为横截面上（不同国家之间）投资者保护环境差异对资本市场发展、会计信息质量、资源配置效率的影响，本项目则利用我国股权分置改革这一独特事件，动态研究会计信息质量与资本市场效率，研究成果对国际学术界将有重要创新意义。

我和我的合作者在产权保护导向的会计研究领域所做的一些具体研究工作，主要是围绕上述两个国家自然科学基金重点项目展开的，其成果表现主要是在国内外学术期刊上发表了30多篇论文。这些研究中的主要部分基本可以归纳为以下四个方面：(1) 关于会计准则与会计信息质量问题的研究；(2) 关于企业集团统一审计安排及其经济后果的研究；(3) 关于会计信息与银行债务契约问题的研究；(4) 关于独立董事与投资者保护问题的研究。

（二）关于会计准则与会计信息质量问题的研究

关于会计准则与会计信息质量问题的研究，我们主要研究了会计准则变迁所引发的资产减值会计问题和企业集团子公司盈余信息的决策有用性问题[1]。这些研究机会都是来自于我国企业会计准则的

---

[1] 代表性论文包括：*How do Firms React to the Prohibition of Long-lived Asset Impairment Reversals? Evidence from China*, Journal of Accounting and Public Policy, 29(2010)424-438. Ran Zhang, Zhengfei Lu, Kangtao Ye；代冰彬、陆正飞、张然：《资产减值：稳健性还是盈余管理》，《会计研究》，2007年第12期。张然、陆正飞、叶康涛：《会计准则变迁与长期资产减值》，《管理世界》，2007年第8期。陆正飞、张会丽：《会计准则变革与子公司盈余信息的决策有用性》，《会计研究》，2009年第5期。

变迁。2006年2月15日，财政部颁布了包括1项基本准则和38项具体准则在内的一整套新的企业会计准则体系，要求上市公司从2007年1月1日起执行。其中的《企业会计准则第8号——资产减值》规定，当资产的可回收金额低于其账面价值时，应当计提相应的资产减值准备。并进一步在第十七条规定：（长期）资产减值损失一经确认，在以后会计期间不得转回。而旧会计准则规定：对八项资产的减值准备都可以进行转回，转回时，贷计当期收益。因此，长期资产减值能否转回的问题是新老会计准则在资产减值会计处理问题上的最大区别。国际上对以前年度确认的资产减值损失是否允许转回也存在不同的规定：有的规定允许转回以前年度已确认的资产（不包括商誉）减值损失；有的规定对以前年度已确认的资产减值损失不得转回。国际会计准则（IAS36）允许资产减值转回，但对其作出了谨慎性的规定，例如必须有明确迹象表明以前年度确认的资产减值损失不再存在或已减少，并必须能够估计该项资产的可收回金额。美国财务会计准则不允许长期资产减值转回。SFAS144《长期资产减值与处置会计》规定：在确认资产减值损失后，资产的账面价值就成为新的成本计量基础，主体不应在以后期间调整资产的成本，所以在资产减值恢复时，如同其他资产增值不确认一样，不允许转回已确认的资产减值损失。尽管我国新的资产减值准则与IAS36有许多方面相当接近，但两者对资产减值损失是否允许转回的问题仍存在实质性差异。与国际会计准则不一致的这一规定主要是从我国企业目前的发展状况出发，考虑到我国企业利用资产减值转回来进行盈余管理的现象非常普遍,为遏制这种不良现象而采取的一种反制措施。盈余管理是影响资产减值决策的一个重要因素。如果资产减值可以转回,由于其较其他会计报表项目在时间和数量上具有更大的可操纵性(Elliott and Shaw, 1988),管理层就可以利用资产减值准备的计提和转回使得企业利润在年度之间转移,从而保持企业的年度利润的稳定。而一旦禁止企业转回资产减值,就会使企业在计提资产减值时更加审慎,减少通过资产减值而进行的利润操纵。新的企业会计准则基于这些考虑,作出了禁止长期资产减值转回的规定。

虽然禁止转回资产减值的规定有助于压缩上市公司盈余管理的制度空间,但由于新会计准则于2007年1月1日起正式执行,在此之前,企业仍旧可以转回资产减值,从而增加净利润。对于以前计提了资产减值的公司,如果当初计提减值的目的是进行利润平滑和盈余操纵,为的是提高以后年度的利润,那么这些公司很可能在新准则实施以前突击转回大量的减值准备,否则这些"被隐藏的利润"将再也无法浮出水面。由于资产减值准则修订的目的是减少盈余管理,为了杜绝在准则变更期间企业利用准则变更的空隙集中转回大额的减值准备,或者计提不符合经济实质的较少减值准备,证监会于2006年11月29日发布了《关于做好与新会计准则相关财务会计信息披露工作的通知》,并于2007年1月17日发布了《关于证券公司2006年年报审计及信息披露有关事宜的通知》,两次重申"不得在 2006 年底前突击转回长期资产的减值准备,不得利用计提资产减值准备的机会'一次亏足',或在前期巨额计提后大额转回,随意调节利润;也不得随意变更计提方法。"在这些通知和规定的重压下,上市公司会不会利用这最后的机会和准则变更的空隙,大量转回资产减值？或者由于计提的减值准备将不能转回,企业是否在新准则颁布以后,比以往计提更少的减值准备？我们试图采用实证方法回答这些问题。我们以 A 股全部计提长期资产减值准备的公司为样本进行实证研究说明这个问题,结论更有说服力。另外,我们研究了在会计准则颁布前和颁布后实施前一段时间资产减值计提行为的改变,因此对利用资产减值进行盈余管理的文献是一个贡献。最后,文章的结论对政策制定者有一定的借鉴作用。制定与修改会计准则不仅要考虑到新会计准则实施后的执行问题,还要考虑在新旧准则更替期间,公司利用新旧准则的差异进行会计操纵的可能性;而适当的政策监管对准则更替期间的公司行为具有一定的约束作用。

投资者对上市公司股票定价决策的实质,就是利用过去的利润信息对公司未来的盈利能力和风险作出预测。然而,当上市公司普遍以母公司形式存在,并控制着越来越多的子公司时,母公司、子公司及集团合并报表的利润信息分别在母公司股票定价中扮演着什么样的角色,是学术界尚未打开的"黑箱"。打开投资者如何利用子公司利润信息进行股票定价的"黑箱",对于我们了解投资者的定价决策行为和研究集团内不同法律实体会计信息对于母公司股票定价的决策相关性具有重要意义。

解决上述问题的关键就在于认清投资者是否会对母、子公司盈余信息进行甄别定价。如果我们能够发现子公司盈余在合并报表净利润的基础上具有增量信息含量，就说明投资者在决策时仅利用合并报表净利润信息是不够的。这就意味着，投资者需要在利用合并报表净利润信息的基础上，进一步关注合并报表净利润与母公司报表净利润之间的差异，亦即关注包括在合并报表净利润但未包括在母公司报表净利润中的子公司盈余。美国等发达市场经济国家实施的"单一披露制"，导致单独的母公司报表数据无法获取。我国财政部于2006年2月颁布的企业会计准则对合并报表和母公司报表分工的调整，为我们考察投资者如何利用母、子公司的盈余信息进行母公司股票定价决策提供了良好的契机。新准则要求投资企业对子公司的长期股权投资的日常核算采用成本法，但在编制合并报表时需要按权益法进行调整。这就使得合并报表净利润反映整个集团实现的利润，而母公司报表净利润则仅反映母公司自身实现的利润。因此，子公司已实现而未分配利润中归属于母公司的部分，就构成了合并报表净利润与母公司报表净利润差异的一个重要内容。我们通过对比新旧准则下合并—母公司净利润差异的经济内涵，以及该差异所提供的在合并报表净利润之外的增量信息含量的变化，考察投资者对合并报表中所包含的子公司盈余的定价行为。我们的研究发现，在旧准则下，由于合并—母公司净利润差异主要反映集团内部抵消事项对合并净利润的影响净额，并没有为投资者的股票定价决策带来额外的信息含量；而在新准则下，该差异能为母公司投资者的股票定价决策提供合并报表净利润之外的增量信息。与已有文献相比，我们通过我国新旧准则转换过程中报表信息的动态比较，更为清晰地考察了投资者对子公司盈余信息的定价行为。另外，我们的研究还发现，合并报表与母公司报表的合理分工，从而子公司盈余信息的释放，为投资者的股票定价决策带来了额外信息，证明过去不尽完善的合并技术所导致的信息遗失确实会对投资者股票定价决策带来不利的经济后果，进而支持了新准则对子公司长期股权投资核算方法调整的合理性，以及对于投资者保护的积极意义。

（三）关于企业集团统一审计安排及其经济后果的研究

关于企业集团统一审计安排及其经济后果的研究，我们主要研究了集团统一审计对审计质量的影响、集团统一审计中审计师变更与审计意见购买、集团客户重要性对审计意见的影响、以及集团统一审计对审计收费的影响等问题[①]。这些研究机会源于国资委对央企审计师选聘的统一要求。我担任独立董事的某上市公司的控制股东

---

① 代表性论文包括：王春飞、伍利娜、陆正飞：《集团统一审计与审计质量》，《会计研究》，2010 年第 11 期。陆正飞、王春飞、伍利娜：《制度变迁、集团客户重要性与非标准审计意见》，《会计研究》，2012 年第 10 期。伍利娜、王春飞、陆正飞：《企业集团统一审计能降低审计收费吗？》，《审计研究》，2012 年第 1 期。伍利娜、王春飞、陆正飞：《企业集团审计师变更与审计意见购买》，《审计研究》，2013 年第 1 期。

是一家央企，在国资委提出集团统一选聘审计师要求之后，该央企便组织审计师招投标工作，并要求其下属子公司在其选定的审计师范围内选聘审计师。随后，该上市公司管理层向我说明了母公司的上述要求。当时我的初步判断是，集团统一审计安排对于上市公司的治理多半是不利的，且有可能会对上市公司审计质量产生不利影响。因此，我就提出控制股东不能直接为上市公司选定审计师，也不能提供一个实际上无法选择的备选名单，而应该提供一个既包括国际"四大"，也包括国内大所的备选名单，且集团招投标评分结果只供上市公司审计委员会参考，而不是要求上市公司审计委员会只能选择集团招投标评分最高的审计师。经过沟通协调，上述原则要求最终得到了控制股东的同意。事后了解到，该央企下属的其他子公司都是根据集团招标结果选择审计师的，也就是说实际上是由集团指定审计师的。这就引起了我的思考：我在上市公司审计委员会中的这份"坚持"究竟是否应该？或者说，上市公司审计质量是否会因集团统一审计而受到不利影响？为了搞清楚这一问题，便着手开展了关于集团统一审计安排问题的第一项研究工作，即集团统一审计与审计质量。后续其他三篇论文，事实上都是在做了第一篇论文之后衍生出来的。

企业集团是由以股权或家族为纽带的多家具有独立法人资格的公司组成的。在新兴市场国家，企业集团是非常普遍的企业组织方式。以往研究表明，企业集团可以通过监督、激励、内部竞争和资本低成本配置以及内部资产优化配置等方式来提高运作效率。但是，企业集团自身存在的双重代理问题也可能降低运作效率，企业集团总部有过度投资从而构建"企业帝国"的动机，而分部经理可以通过寻租方式获得额外资源，以及增加分部专用性资产的投资来保护自身利益。更为重要的是，企业集团通过交叉持股、金字塔结构的方式控制子公司，使得控制权和现金流权分离，导致控股股东和中小股东之间存在严重的代理问题。新兴市场国家外部监管制度不完善，使得大股东"掏空"上市公司从而损害中小股东利益的情形更加严重。中国资本市场是一个新兴转轨市场，公司股权集中度相对较高，控股股东与中小股东的利益冲突是上市公司的主要代理问题。由于此类利益冲突的存在，控股股东报告会计信息时所带有的自利性动机，导致会计信息的可靠性下降。外部审计制度作为保护投资者利益的重要监督与约束机制，使得审计师成为会计信息生产的重要参与者。但是，审计师也有可能与控股股东合谋或被控股股东收买，损害中小股东的利益。已有文献多以单个上市公司为对象来研究审计质量问题。我们重点关注的是，在同一实际控制人控制下的多家上市公司选择同一家会计师事务所审计即"集团统一审计"所导致的审计质量问题。我们使用 2003-2008 年中国 A 股市场由同一实际控制人控制的企业集团中两家或两家以上的上市公司为样本，研究了集团统一审计对审计质量的影响。研究发现：集团统一审计降低了审计质量，亦即企业集团向同一家事务所提供更多的审计业务会对审计师的独立性造成损害；选择不同规模的事务所进行集团统一审计对审计质量的影响也不相同,其中,由小所进行统一审计,其审计质量更差;由大所进行统一审计,则未发现其对审计质量有显著影响。与以往研究相比,我们的主要贡献在于:以企业集团作为一个整体来研究集团统一审计对审计质量的影响,不仅丰富了新兴市场国家企业集团的研究,也为相关审计问题的研究提供了新的视角;以往研究认为,单个上市公司对审计师的收买体现在异常审计收费上,我们发现,企业集团还可以通过提供更多的审计业务来收买审计师,这是支付异常审计费用收买审计师的重要补充手段;不同规模的事务所执行统一审计的后果不同,这为监管部门统一选聘审计师提供了理论支持和决策参考。

客户重要性是否影响审计师独立性,是理论界和实务界都非常关注的审计议题。准则制定者也非常担忧经济依赖对审计师的独立性可能造成的潜在损害,比如各国审计实务中都不同程度地限定了审计师提供非审计服务的范围,以减轻经济依赖可能对审计师独立性造成的影响。在以往的客户重要性研究中,仅限于从事务所的不同层次来分析客户重要性,如从分析事务所总体层次到分所层次,再到分析审计师个人层次。但是,审计契约的另一方上市公司特征的影响却很少有学者关注。在新兴市场国家,企业集团是主要的企业组织形式,实际控制人通过股权或其他方式控制多家上市公司,同一实际控制人控制下的多家上市公司虽在形式上彼此独立,但在实质上由于被同一实际控制人所控制而相互关联,因而多家上市公司的许多重要决策可能是一致的,体现在审计师选择决策中,出现同一集团内的多家上市公司选择同一家事务所进行审计的情形即"集团统一审计"。我们重点考虑新兴市场中的上市公司集团化这一重要特征,并结合对事务所规模及制度环境的分析,来检验客户重要性和审计师独立性的关系。研究发现:(1)集团客户重要性与非标准审计意见的出具概率显著负相关,即集团客户越重要,审计师的独立性越有可能受到影响,说明经济依赖会影响审计师的独立性。但是,这种影响主要体现在小规模事务所,即小所更可能受集团客户经济依赖程度的影响,而大所能保持应有的执业谨慎。(2)制度环境会影响审计师的行为。在制度环境改善之后审计师执业变得更加谨慎,即集团客户重要性对审计师独立性的损害似乎只存在于较差的制度环境中。但我们区分不同规模的事务所进行研究,发现只有大所在制度环境改善之后执业才更加谨慎,而小所并无明显变化,这一研究结果表明,制度环境只能部分缓解客户经济依赖对审计师独立性的影响,即便在资本市场较为发达的国家,客户重要性对审计独立性影响这一问题也仍然是值得关注的。我们的主要贡献在于:(1)以往研究多以单个上市公司为对象来研究审计问题,但是新兴市场国家企业集团是主要的企业组织形式,资本市场中多家上市公司同属一个企业集团,受同一个实际控制人控制,并选择同一家事务所进行审计,因而使得事务所对于客户的经济依赖体现为对其所审计的同一集团内全体客户的经济依赖,上市公司的这种关联特征造成事务所对此类上市公司的经济依赖性更强,忽视这一点,对客户重要性的衡量很可能是有严重偏误的。我们将企业集团控制的多家上市公司视为一个整体来研究,发现客户重要性确实会影响审计师独立性,从而为客户重要性研究补充了新的证据,也为各国审计监管政策制定者提供了决策依据。(2)我们还发现制度环境变化确实会影响审计师的行为,这丰富了制度环境对审计师行为影响的研究文献,而且本文给出的是同一国家时间序列上制度环境变化的经验证据,这也减轻了跨国研究中由于各国经济文化等背景不同所产生的内生性问题。

审计收费是审计服务供需双方就审计服务所达成的价格,是客户与注册会计师之间重要的经济联系;通过对审计收费的研究,不仅可以了解审计收费的影响因素和审计市场的竞争情况,而且还可以发现审计市场中是否存在因为不当审计收费形成的经济依赖从而影响审计师独立性的问题。以往研究多从单个上市公司角度来研究审计收费,然而,在新兴市场国家中,企业集团是主要的企业组织形式,同一企业集团内的多家上市公司可能委托同一家会计师事务所审计。如前所述,企业集团统一审计安排下,审计质量普遍降低,尤其是小规模事务所执行的企业集团统一审计。这意味着集团统一审计对小所的独立性可能造成了严重损害。那么集团统一审计安排下的审计收费是否与单独审计也会有不同?集团统一审计下,事务所是否存在"知识溢出"效应,即因为对集团内不同上市公司进行协同审计,从而提高审计效率、降低审计成本,并进一步促使审计费用下降？如果集团统一审计对小所的独立性可能造成了严重损害，那么小规模事务所进行统一审计时的收费又会呈现出何种特征？事务所在招揽集团客户时会不会出现明显的低价揽客现象？我们的研究发现，由于企业集团可能存在潜在审计意见购买的动机，集团统一审计不但不能降低审计收费，反而会增加审计收费，且集团统一审计增加收费的现象主要体现在小规模事务所，而选择大所进行统一审计则可降低审计费用。此外，我们还发现事务所，尤其是小所，在招揽集团客户时存在明显低价竞争的现象。我们的主要贡献在于：（1）以企业集团为考察对象，研究企业集团统一审计是否因"知识溢出"效应而降低审计收费，是审计收费研究中的一个崭新视角。（2）针对英美市场的研究发现，首次审计存在明显审计收费折扣现象，理论界和实务界也一直在关注这是否会带来审计师独立性受损问题，担心审计师在收费较低的早期缺乏动力去遏制企业有偏误的财务报告。但在中国资本市场，大部分研究都未发现存在首次审计折价现象，我们针对首次集团统一审计的研究则发现，会计师事务所在招揽集团客户时是存在明显低价竞争的，特别是小所执行集团统一审计，低价揽客策略同时伴随着审计质量低下。这一研究结果可以帮助资本市场参与者更加充分地认识集团统一审计的经济后果，并可为监管政策的制定和执行提供理论支持和决策参考。

审计意见购买是审计学术界与监管部门高度关注的话题。在实务界，一直都存在对通过变更审计师来实现审计意见改善或购买的担忧,监管部门也高度关注审计师变更过程中的审计意见购买行为。如 2002 年 4 月 15 日,《中国注册会计师协会关于进一步做好 2001 年度上市公司年报审计工作的紧急通知》第二条规定,被上市公司更换的会计师事务所,应于 4 月底前,将被更换的情况以书面形式报告中国注册会计师协会,并在后续的准则制定和修改中加入了相关内容[①],但学术界对审计师变更导致的意见购买研究并未得到一致的结论。而且,已有研究多以单个上市公司为对象,研究审计师的变更和潜在的审计意见购买行为,鲜有考虑企业集团这一组织形式的影响。在我国,企业集团是重要的企业组织形式,企业集团控制的多家上市公司虽在形式上独立,但在实质上由于被同一控制人控制而相互关联,因而多家上市公司的许多重要决策可能是一致的,体现在审计师选择决策中,出现同一集团内的多家上市公司选择同一家事务所进行审计即集团统一审计的情形。那么,如果审计师对集团内的任何一家上市公司出具非标准审计意见,会不会导致"连锁反应"?即企业集团会不会解除该事务所在集团内的其他审计业务?后任审计师又会不会因为有获得集团内其他公司业务的潜在可能,而更有动机迎合集团客户的需要,从而更容易实现集团客户对

---

① 2002 年 6 月 25 日发布的《中国注册会计师职业道德规范指导意见》中对会计师事务所变更进行规范:在接受审计业务委托前,后任注册会计师应当向前任注册会计师询问审计客户变更会计师事务所的原因,并关注前任注册会计师与审计客户之间在重大会计、审计等问题上可能存在的意见分歧。《独立审计具体准则第 28 号——前后任注册会计师的沟通》后任注册会计师向前任注册会计师询问的内容应当合理、具体,通常包括:前任注册会计师认为导致被审计单位变更会计师事务所的原因。2006 年 2 月 15 日修订的《中国注册会计师审计准则第 1152 号——前后任注册会计师的沟通》第九条中依然保留相应的条目。

审计意见的购买？我们研究发现，审计师对集团内任何一家上市公司出具非标准审计意见，可能导致集团内多家上市公司变更该事务所的审计业务；企业集团通过变更事务所能够实现审计意见改善。此外，不同的变更方式可能导致不同的经济后果，首次接手审计集团业务的审计师更容易屈服于集团，更容易被收买。我们的主要贡献在于：(1) 考虑企业集团特征来研究审计师变更和审计意见购买，为审计师变更和审计意见购买的研究提供新的视角，丰富了相关研究。(2) 研究发现，从集团角度来看，变更事务所能够成功实现审计意见购买，且不同的变更方式其后果可能明显不同，第一次接手审计集团业务的事务所更容易配合集团客户实现审计意见购买，从而为监管部门提供了新的决策依据，有利于投资者利益保护和资本市场的健康发展。

(四) 关于会计信息与银行债务契约问题的研究

关于会计信息与银行债务契约问题的研究，我们主要研究了盈余管理、会计信息与银行债务契约，以及会计准则改革、会计利润信息与银行债务契约等问题[①]。

---

① 代表性论文包括：陆正飞、祝继高、孙便霞：《盈余管理、会计信息与银行债务契约》，《管理世界》，2008 年第 3 期。祝继高、林安霁、陆正飞：《会计准则改革、会计利润信息与银行债务契约》，《中国会计评论》，2011 年第 2 期。

已有的研究表明，会计信息在债权人的决策中发挥着重要的作用。特别是，国内外学者对企业财务状况和债务融资成本之间的关系进行了大量的理论分析和实证研究，研究结果显示，财务状况较好的企业债务融资成本相对较低。但是，上述研究结论是建立在高质量的会计信息基础之上。事实上，国内外上市公司均存在不同程度的盈余管理现象，在这种情况下，盈余管理对债权人决策的影响主要表现为：企业通过盈余管理行为粉饰财务状况进而影响债权人关于债务融资成本的决策。盈余管理影响债务融资成本仅体现了盈余管理对债权人决策影响的一个方面。债权人的决策过程可以划分为两个阶段，以银行为例，银行在处理企业贷款申请时首先需要决定是否给予企业贷款，然后决定贷款利率、贷款期限、贷款类型等问题。因此，盈余管理不但能影响债务融资成本，还能影响企业是否能够获得债务融资。银行的信贷决策尤其是长期借款的信贷决策是否有效，很大程度上取决于银行对于企业未来现金流的估计。企业的盈余管理程度越大，未来会计盈余的波动程度越大，使得银行在预测企业未来现金流时面临的不确定性越大，即企业的盈余管理行为给银行带来了信息风险。因此，上市公司的盈余管理会损害会计信息的债务契约有用性。那么，我国商业银行能识别企业的盈余管理行为吗？能有效控制盈余管理所引起的信息风险吗？现有文献并没有很好地回答这个问题。我们以中国A股上市公司为研究对象，研究作为债权人代表的银行对企业盈余管理行为的识别能力。与国外的研究结论不同，我们发现盈余管理程度不同的企业，新增银行长期借款与会计信息的相关性并不存在显著差异，上述结论在控制了银行借款的类型和期限等因素后依然成立。这表明，银行并没有对上市公司的盈余质量进行区分，进而说明上市公司的盈余管理行为损害了会计信息的债务契约有用性。如果银行依赖会计信息进行信贷决策，但又不能区分会计信息质量，那么银行将会因此承担一定的信息风险和违约风险。我们的研究结论具有以下启示：（1）盈余管理是一种机会主义行为，具有一定的经济后果。银行不能识别企业盈余管理行为，而又根据会计信息进行信贷决策，将有可能遭受一定的损失。因此，要强化企业的信息披露，让银行等债权人更好地了解企业生产经营活动的实际情况，以使银行信贷决策建立在更为充分的信息基础之上。（2）完善相关法律法规，以更好地维护债权人的利益。需要强化会计规则和信息的自愿披露，而且会计准则服务的对象需要多元化，而不仅仅是为股东服务。

财务报告是债权人（主要是指银行）进行信贷决策的重要依据，银行依据企业提供的会计信息对企业未来的盈利能力和风险作出预测。国内外的研究发现，会计信息被广泛应用于会计契约。随着以母公司为核心的企业集团的出现，财务报告开始突破传统单一法律主体财务报表的概念，从而导致了合并报表的产生。其中，合并报表反映作为经济主体的集团合并的会计信息，母公司报表则提供作为法律主体的母公司的会计信息。通常认为，合并报表较母公司报表而言，可以为母公司的股东，特别是控股股东提供更为有用的信息。

但合并报表对债权人的有用性仍没有达成统一,因为母公司和子公司的债权人对企业债权的清偿权通常是针对独立的法律主体,而不是针对经济主体,而合并报表中的数据实际上是母公司和各子公司的混合数,并不能反映每个法律主体的偿债能力,因而并不能完全满足债权人的信息要求。只有当母、子公司存在债务交叉担保,或对企业集团进行整体授信贷款时,合并报表才能为债权人提供更有用的信息[①]。2006年2月15日,我国准则制定机构发布了由1项基本会计准则和38项具体会计准则组成的新会计准则,并于2007年1月1日开始施行。在旧准则下,母公司对子公司的长期股权投资采用权益法核算,强调经济主体概念,母公司报表反映子公司已实现损益中一切归属于母公司股东的部分(包括来自子公司的分红和子公司已实现而未分配利润中归属于母公司股东的部分)。因此,母公司报表与合并报表的差异有限;在新准则下,母公司对子公司的投资采用成本法核算,强调法律主体概念,母公司报表仅反映母公司自身实现的净利润(包括来自子公司的分红,但不包括子公司已实现而未分配利润中归属于母公司股东的部分),编制合并报表时再按权益法调整[②]。这意味着,母公司报表信息是建立在成本法基

[①] 对合并报表和母公司报表的有用性,理论界和准则制定机构还存在较大分歧,这些分歧使得各国对母公司的财务报告存在两种制度安排,一种是"单一披露制",即以合并报表取代母公司报表,母公司只对外提供合并报表,而不提供其自身的财务报表;另一种是"双重披露制",要求母公司同时提供合并报表与母公司报表。目前,实施"单一披露制"的国家包括美国和加拿大等,英国、法国、德国和日本等国家采用"双重披露制",中国也采用"双重披露制"。

[②] 因此,子公司已实现而未分配利润中归属于母公司股东的部分就构成了合并报表净利润与母公司报表净利润差异的一个重要内容。

础上的,即母公司报表将能更为稳健地反映母公司的财务状况。在"双重披露制"下,合并报表和母公司报表的分工是否合理,这些信息在银行信贷决策中扮演着什么样的角色,迄今为止,仍然是学术界尚未打开的"黑箱"。我们以 2006 年会计准则改革为背景,通过考察新准则实施后,合并报表净利润(新准则下"归属于母公司股东净利润")对债权人的决策有用性,以及和母公司报表净利润差异(以下简称"合并—母公司净利润差异")的增量信息含量。具体而言,我们主要考察两个问题:(1)考察在新、旧准则下,合并报表净利润对于银行信贷决策的有用性变化;(2)考察在新、旧准则下,"合并—母公司净利润差异"对于银行信贷决策的有用性变化。研究发现,合并报表净利润是银行信贷决策的重要依据。在新准则实施的情况下,合并报表净利润与债务契约(包括借款金额、期限结构、借款类型和借款利率)的相关性在减弱,上述现象在公允价值变动损益高的公司中表现得尤为明显。在新会计准则实施以后,"合并—母公司净利润差异"越大的公司获得的借款金额越少。这说明"合并—母公司净利润差异"为银行信贷决策提供了新的信息含量。相比以往的研究,我们的贡献主要体现在以下几个方面:(1)从债权人的角度分析了新准则环境下,会计利润信息的有用性;(2)在一定程度上打开了债权人如何利用母、子公司利润信息进行信贷决策的"黑箱",为评价会计准则改革对合并报表和母公司报表利润信息决策有用性的影响提供经验证据,也为准则制定机构制定和完善准则提供政策建议。

(五) 关于独立董事与投资者保护问题的研究

关于独立董事与投资者保护问题的研究，我们主要研究了独立董事的独立性和独立董事能否抑制大股东的"掏空"等问题[①]。

在中国资本市场上，独立董事制度究竟能否发挥应有的监督作用、保护中小投资者的利益，一直是个有争议的话题。中国资本市场监管机构将独立董事制度视为降低公众公司内部代理问题的有效机制，例证之一是中国证监会于 2001 年 8 月 16 日发布《关于在上市公司建立独立董事制度的指导意见》，指出为了改善公司治理结构，中国境内上市公司必须引入足够数量的独立董事。同时，上市公司应赋予独立董事对重大关联交易的认可权，以及对关联借款和其他有可能损害中小股东权益的事项发表独立意见。随着中国上市公司独立董事制度的建立和完善，一些研究实证检验了独立董事与公司业绩之间的关系，但得到了不相一致的结论。已有研究主要考察独立董事与公司业绩之间的相关性，较少考察独立董事与公司治理具

[①] 代表性论文包括：叶康涛、陆正飞、张志华：《独立董事能否抑制大股东的"掏空"？》，《经济研究》，2007 年第 4 期。叶康涛、祝继高、陆正飞、张然：《独立董事的独立性：基于董事会投票的证据》，《经济研究》，2011 年第 1 期。

体行为之间的关系。从制度设计上来说,独立董事的职能主要是监督和咨询作用,并不直接参与公司的日常经营决策,更非直接对公司业绩负责,而是为了防范公司风险,保护外部投资者的正当利益不受内部人侵害。因此,相比于直接分析董事会结构与公司业绩之间的关系,考察董事会结构与公司内部治理行为之间的关系更有意义,例如高管薪酬制度、CEO更替、反收购条款等。毕竟这些内部治理行为才与董事会的职能直接相关;同时,内部治理行为作为董事会结构与公司业绩之间的中介变量,研究董事会结构与公司内部治理行为之间的关系,有助于我们更好地了解董事会结构究竟是通过怎样的途径影响到公司业绩。此外,一些研究表明,公司的独立董事比例本身便是一个内生决定的变量,受到公司治理结构、公司业绩等变量的影响。如果该现象在中国资本市场上同样存在,则意味着在不控制独立董事内生性情况下进行OLS回归,将导致严重的模型设定偏误问题。基于上述考虑,我们选择了大股东占用上市公司资金行为作为研究对象,并在控制内生性情况下,考察独立董事能否抑制大股东的占款行为。考察独立董事能否抑制大股东占款行为,有助于我们深入了解独立董事在中国上市公司内部治理机制中的作用,以及独立董事与公司业绩之间的中介传导机制。与已有研究相比,我们的贡献在于:(1)我们控制了独立董事聘请的内生性问题。研究表明,中国上市公司独立董事聘请具有内生性。同时,我们发现,在没有控制内生性的OLS回归中,独立董事比例与大股东资金占用之间不存在显著相关关系,但在控制内生性之后的2SLS

和 3SLS 回归中，独立董事比例与大股东资金占用显著负相关。这表明以往研究没有发现独立董事能够抑制大股东资金占用，有可能源于模型设定偏误。（2）我们采用了一个更为干净的指标来反映大股东的掏空行为，即大股东占用其他应收款的增量，以提高回归模型的有效性。已有研究一般以大股东占用资金的存量规模作为掏空指标。然而，根据证监会的要求，只有当上市公司拟与关联方达成重大关联交易时，才须经独立董事认可，这表明独立董事的作用主要体现在对新发生关联交易的监督上。

独立董事制度一直被视为解决股东与经理人之间代理问题的重要机制之一。然而，由于独立董事大都由管理层聘请，以及独立董事与管理层之间的信息不对称等原因，不少学者认为独立董事的投票权仅仅是橡皮图章，一般情况下不会在董事会议上对管理层的行动提出公开质疑，即独立董事并不能真正发挥监督作用。已有研究通过考察董事会结构与公司业绩之间的关系，试图为独立董事制度有效性提供经验证据。由于缺乏对董事会实际决策过程的了解，现有研究主要通过直接考察独立董事比例与公司业绩之间的相关性，来检验独立董事制度是否能够缓解代理问题。然而，由于独立董事比例和公司业绩很可能都与遗漏变量相关，这种研究方法容易导致严重的内生性问题。当缺乏有关董事会决策过程的直接证据时，若研究者直接考察独立董事比例与公司业绩之间的关系，容易导致逻辑跳跃幅度过大，因此就有必要深入考察董事会的实际决策过程。我们利用中国特有的强制披露数据（即独立董事对董事会议案出具意见和投票结果）提供的研究机会，试图打开董事会实际决策过程这个黑匣子。2004年12月，中国上海和深圳证券交易所要求上市公司披露独立董事针对董事会议案所发表的具体意见，包括提案内容、董事会表决结果、投反对票或弃权票的董事姓名和理由等信息。这些数据使得我们能够直接观测到独立董事针对管理层提案所发表的具体意见，从而有助于深化对独立董事相对于管理层的独立性及其监督作用的认识。据我们所知，其他国家并没有强制规定上市公司必须公布董事会投票结果，作为唯一强制披露该信息的国家，中国公司披露的此类信息为研究董事会行为提供了一个绝佳的研究机会。我们发现，仅有约4%的公司曾有独董对董事会议案提出过公开质疑，这表明绝大部分情况下独董并不会公开质疑管理层行为。独立董事公开质疑的董事会议案主要集中在担保、关联交易和年度报告事项（财务报告披露、利润分配、报告修改补充等）方面；大约86%的异议原因为董事会议案可能损害股东利益，存在较大经营风险，或公司治理结构存在缺陷。这表明独立董事的公开质疑行为主要出于保护小股东利益的动机。我们发现当公司业绩不佳时，独董更有可能对管理层行为提出公开质疑。并且，声誉越高、具有财务金融背景、任职时间早于董事长任职时间的独立董事更有可能对管理层决策提出质疑。进一步研究发现，存在异议独董的公司市场价值也更高。这表明当公司面临危机时，独立董事能够发挥监督作用；并且独立董事的监督行为能够缓解代理问题，提高公司价值。我们的贡献主要是：（1）增进了对独立董事实际投票行为的认识。受研究数据可获得性的制约,已有研究主要采取理论模型和实验方法进行研究,鲜有研究实证考察独立董事的实际投票行为。我们利用中国特有的数据考察独立董事的实际投票行为,丰富了该领域的文献。(2)通过考察相同公司的独立董事在面临相同的董事会议案时如何作出不同的反应,有助于避免以往研究中的内生性问题。由于同一家公司的独董面临着相同的董事会议案,因此,这相当于提供了一个自然实验机会。通过考察不同特征的独董面对相同的董事会议案如何作出不同的反应,有助于控制遗漏公司特征对独董投票行为的影响,使得研究结果较少受到内生性问题的困扰。(3)我们的研究结果还有助于深入了解独立董事投票权是否属于橡皮图章,以及哪些因素影响独立董事的独立性和监督行为,从而为政府监管部门进一步完善独立董事制度,改善公司治理机制提供决策参考。

四、启示性的结论

回顾过往三十年的会计学术之路，虽然其中不免存在偶然因素的影响，但还是可以得出一些具有一定借鉴意义的启示性结论的。我体会，以下几点是比较重要的：

1. 选择有助于提升自己学术价值的事业平台。学习和工作的平台，是学术生涯的重要环境因素。站得高，方能看得远。在选择上什么大学学习或工作的时候，一些短期因素（如一次性的奖学金或安家费）不要太大的影响自己的选择，应该更多考虑的是，走上这个平台若干年之后，自己的学术价值将上升或下降多少？

2. 善于从多个渠道获取学术研究的经验。老师对于学生成长的作用自不待言。但是，老师也未必能管我们一辈子，而学术之路是需要不断学习的。所以，除了请教老师，还需要善于向同行、同事学习，需要善于通过与其他专业的学者交流得到启发，甚至需要在与学生的交流中学习最新的研究方法和技术。

3. 妥善处理研究与教学的关系。研究与教学，很难说哪个更为重要。事实上，它们都不可偏废，又互相影响。有人说，研究是为自己做的，教学是为单位做的。我说，短期看，它们似乎都是为单位做的，长期看，它们客观上也都是为自己做的。不做好研究，教学慢慢就会缺乏思想深度。不做好教学，研究的意义就失去了一半。

4. 养成理论联系实际的良好习惯。理论联系实际，不是为了标榜，而是为了使自己的学术研究更有生命力。善于了解、观察和分析社会经济和企业实践中产生的新问题，并将其凝练成学术研究话题，可以使我们的学术研究植根于实践，从而进一步使得学术研究成果有助于指导实践的进步。

5. 长期有目标，短期有计划。未来难以预知，因此，长期计划很难有效，但方向性的目标不能没有。而中短期的学习或工作，就必须有所计划，以不断迫近长期的方向性目标。

6. 行胜于言，贵在坚持。学术生涯，长途漫漫。很容易趁着三天的热情，定下远大目标，但若没有持续努力的实际行动，目标越大，失望越大。过早的实现阶段性目标（如获得博士学位、评上教授职称等），都有可能使你的学术之路戛然而止，因为，阶段性目标的实现可能被理解为达到了事业之巅。若干年之后可能发现，同辈还在前行，晚辈也在赶超，自己已然落伍。

7. 热爱生活，自觉研究。热爱生活，可以使我们领会世界之美好，从而使自己有更强的动力做好学术研究，为美好世界的创造贡献力量。与此同时，只有将学术研究理解为生活的一个部分，并愿意按这种方式生活的人，才可能在学术生涯始终保持愉悦的心境，自觉研究。也唯有如此，才能真正长期做好研究。

主要参考文献：

1. 高晓红：《我国上市公司股权融资偏好分析》，《投资研究》，2000 年第 8 期。

2. 黄少安、张岗：《中国上市公司顾全融资偏好分析》，《经济研究》，2001 年第 11 期。

3. 姜国华、饶品贵：《宏观经济政策与微观企业行为——拓展会计与财务研究新领域》，《会计研究》，2011 年第 3 期。

4. 陆正飞：《比较会计》，南京大学出版社 1992 年版。

5. 谭伟强：《商业信用：基于企业融资动机的实证研究》，《南方经济》，2006 年第 12 期。

6. 汪炜、蒋高峰：《信息披露、透明度与资本成本》，《经济研究》，2004 年第 7 期。

7. Allen,F.,Qian,J.,Qian,M.,2005, "Law, finance, and economic growth in China", Journal of Financial Economics 77:57–116.

8. Becht, M., P. Bolton and A. Roell, 2005, "Corporate Governance and Control", Working Paper．ECGI.

9. Bushman, R., and A. Smith, 2001, "Financial Accounting Information and Corporate Governance", Journal of Accounting and Economics 32: 237-333.

10. Chen Hanwen，Chen Jeff Zeyun, Lobo Gerald J., Wang Yanyan.2011.Effects of audit quality on earnings management and cost of equity capital: Evidence from China. Contemporary Accounting Research, 28(3)：892-925.

11. Elliott, J. A. and W. H. Shaw. 1988. Write-offs as accounting procedures to manage perceptions, Journal of Accounting Research 26: 91-119.

12. Fabbri,D., Menichini,A.M.C.,2010, "Trade credit, collateral liquidation, and

borrowing constraints", Journal of Financial Economics 96:413-432.

13. Fan,J.,P.H.,Wong,T.J. 2005. Do external auditors perform a corporate governance role in emerging markets? Evidence from East Asia. Journal of Accounting Research, 43(1): 35–72.

14. Francis, J., R. LaFond, P.M. Olsson, and K. Schipper, 2004, Costs of Equity and Earnings Attributes, The Accounting Review, 79: 967-1010.

15. Francis, J., R. LaFond, P. Olsson, and K.Schipper, 2005, The Market Pricing of Accruals Quality, Journal of Accounting and Economics, 39: 295-327.

16. Ge , Y. , J . Qiu ,2007, "Financial development, bank discrimination and trade credit", Journal of Banking and Finance 31:513-530.

17. Harris, M. and A. Raviv，1991：The Theory of Capital Structure, Journal of Finance, 46:297-355.

18. Iskander, M. R. and Chamlou, N. 2000, "Corporate Governance: A Framework for Implementation", Washington D.C.: The World Bank, Washington D.C.

19. Jaffee, D. M., and T. Russell, 1976, "Imperfect Information, Uncertainty, and Credit Rationing", Quarterly Journal of Economics, Vol. 90(4), PP651-666.

20. Khanna, T., and Yafeh, Y., 2007, Business Groups in Emerging Markets: Paragons or Parasites? Journal of Economic Literature, 45(6):331-372.

21. Khurana, I. K. and K. K. Raman. 2004. Litigation risk and the financial reporting credibility of Big 4 versus Non-Big 4 audits: Evidence from Anglo-American countries. The Accounting Review, 79(2): 473-495.

22. Kinney, W. R., 2001, Accounting Scholarship: What Is Uniquely Ours? The Accounting Review, 76(2): 275-284.

23. Laffont, J.-J., and J. Tirole, 1986, Using Cost Observation to Regulate Firms, Journal of Political Economy, 94:614-641.

24. Laffont, JJ, and J. Tirole, 1988,The Dynamics of Incentive Contracts, Econometrica, 56:1153-1175.

25. La Porta, L., F. Lopez-de-Silanes, A. Shleifer, and R. Vishny, 1997, "Legal Determinants of External Finance", Journal of Finance, 52 (3):1131-1150.

26. Lee, Y. W., Stowe, J. D. 1993, "Product risk, asymmetric information, and trade credit", Journal of Financial and Quantitative Analysis28:285-300.

27. Leftwich, R., 1983, Accounting Information in Private Markets: Evidence from Private Lending Agreements, The Accounting Review, 58(1): 23-42.

28. Myers, S., 1984: The Capital Structure Puzzle, Journal of Finance, 39: 573-592.

29. Myers, S. and N. Majluf, 1984: Corporate Financing and Investment Decisions When Firms Have Information that Investors Do Not Have, Journal of Finance and Economics, 13: 187-221.

30. Petersen , M. , R. Rajan ,1997, "Trade credit : theories and evidence", Review of Financial Studies 10:661-691.

31. Shleifer, A. and R.W.Vishny , 1997, "A survey of corporate finance", Journal of Finance, 52: 737-783.

32. Stiglitz, J. E, and A. Weiss, 1981, "Credit Rationing in Markets with Imperfect Information", American Economic Review, Vol. 71(3), PP393-410.

33. Tirole, Jean, 2001: Lecture Notes on Corporate Finance, unpublished manuscript.

第三部分
学习与工作简历

一、学习经历

1997 年 9 月 -1999 年 11 月
中国人民大学 经济（会计学）学博士后流动站 博士后研究

1994 年 9 月 -1997 年 7 月
南京大学商学院 企业管理专业（财务管理方向）经济学博士

1985 年 9 月 -1988 年 7 月
中国人民大学会计学系 会计学专业 经济学硕士

1981 年 9 月 -1985 年 7 月
杭州商学院（现浙江工商大学）会计系 财务与会计专业 经济学学士

1980 年 9 月 -1981 年 7 月
江苏省海门市其林中学 高中

1978 年 9 月 -1980 年 7 月

江苏省海门市长兴中学 高中

1976 年 9 月 -1978 年 7 月

江苏省海门市平山乡平山校 初中

1971 年 2 月 -1976 年 7 月

江苏省海门市平山乡坚决校 小学

二、工作经历

2015 年 1 月 -
北京大学光华管理学院 教育部长江学者特聘教授、博士生导师

2011 年 7 月 -2015 年 1 月
北京大学光华管理学院 副院长、教授、博士生导师

2007 年 5 月 -2011 年 6 月
北京大学光华管理学院 党委书记、副院长、教授、博士生导师

2007 年 1 月 -2007 年 4 月
北京大学光华管理学院 副院长兼会计系主任、教授、博士生导师

2001 年 9 月 -2006 年 12 月
北京大学光华管理学院 会计系主任、教授、博士生导师

2000 年 5 月 -2001 年 8 月

北京大学光华管理学院 会计系副主任、教授、博士生导师

1999 年 11 月 -2000 年 4 月

北京大学光华管理学院 会计系教授、博士生导师

1997 年 3 月 -1999 年 11 月

南京大学商学院 会计系主任、教授

1994 年 5 月 -1997 年 2 月

南京大学商学院 会计系主任、副教授

1993 年 5 月 -1994 年 4 月

南京大学商学院 会计系副主任、副教授

1992 年 12 月 -1993 年 4 月

南京大学商学院 副教授

1990 年 10 月 -1992 年 11 月

南京大学商学院 讲师

1988 年 7 月 -1990 年 9 月

南京大学商学院 助教

2015-01美国货币监理署座谈合影

三、出国（境）访问

2002 年 9 月 -2003 年 2 月
美国西北大学 kellogg 商学院 学术访问

1999 年 1 月
香港城市大学会计系 学术访问

1998 年 8-9 月
香港理工大学会计系 学术访问

1996 年 11 月 -1997 年 4 月
英国 Exeter 大学商学院（原经济系）合作研究

2010-05国家社科基金评审组专家聘书

四、学术兼职

(一) 现任

国家社会科学基金学科规划评审组专家

中国会计学会常务理事及财务管理专业委员会副主任

中国会计学会会计教育分会（原中国会计教授会）常务理事

中国成本研究会理事会理事

中国税务学会理事

北京大学财务分析与投资理财研究中心主任

中国工商银行博士后工作站博士后合作导师

中国银行博士后工作站博士后合作导师

《中国大百科全书》工商管理卷会计学分支主编

《会计研究》编委

《审计研究》编委

《中国会计与财务研究》（香港）编委

《Journal of Banking & Finance》《经济研究》《管理世界》等学术刊物特约审稿人

（二）曾任

上海财经大学会计与财务研究院特邀研究员

中国会计学会学术委员会委员

中国审计学会常务理事

《中国会计评论》编委

中国中青年财务成本研究会常务理事

江苏省会计教学研究会副会长

五、社会兼职

（一）现任

中国注册会计师协会惩戒委员会委员

中国红十字会财务管理专家咨询委员会委员

中国银行股份有限公司独立董事

中国人民财产保险股份有限公司独立监事

中国外运股份有限公司独立董事

中国生物制药股份有限公司独立董事

2015-01中国银行伦敦分行调研留影

（二）曾任

财政部会计准则委员会咨询专家

中国注册会计师协会申诉委员会委员

中国红十字会社会监督委员会委员

盖洛普（中国）咨询公司顾问

中国中材股份有限公司独立董事

中国人民财产保险股份有限公司独立董事

中国中信海洋直升机股份有限公司独立董事

2017-07受聘中国红十字会财务咨询委员会委员

第四部分
个人学术年表

1986 年　处女作"论民间会计与商品经济"发表于《辽宁会计》1986 年第 1 期。

1987 年　组织召开第一届"北京地区研究生会计学术研讨会",会议地点：中国人民大学。

1988 年　研究生毕业。

1988 年　入职南京大学商学院企业管理系会计教研室,第一学期担任南京大学与（美）密苏里大学联合举办的 MBA 班《中美比较会计》主讲教师。

1989 年　担任南京大学商学院企业管理系会计教研室主任。

1990 年　在南京大学晋升为讲师。

1991 年　主编的第一本教材《企业会计教程》在南京大学出版社出版。

1992 年　第一本独立作者学术著作《比较会计》在南京大学出版社出版。

1992 年　在南京大学破格晋升为副教授。

1999-06在香港理工大学举办的学术会议上报告论文

第四部分 个人学术年表

1993年　著作《比较会计》获中国中青年财务成本研究会全国第二届中青年财会论著"兴华杯"优秀科研成果奖一等奖，并被《中国经济科学年鉴（1993）》收录。

1993年　担任南京大学商学院会计系副主任。

1993年　担任江苏省会计教学研究会副会长。

1994年　获南京大学1993-1994年度樱松奖教金一等奖。

1994年　著作《比较会计》获江苏省第四次哲学社会科学优秀成果奖三等奖。

1994年　担任南京大学商学院会计系主任。

1995年　《工业企业流动资金紧张的成因与对策》发表于《会计研究》（1995年第1期）。

1995年　论文《论现代企业成本的战略管理》获中国会计学会第三届全国财会征文一等奖。

1995年　出席上海财经大学举办的首届"中国会计教授会"年会。

1995年　获南京大学1995年优秀教学成果奖二等奖。

1995年　获南京大学第三届世川良一奖学金优秀在职博士生奖。

1996年　获得南京大学经济学（财务管理专业方向）博士学位。

2004-10中国会计学会井冈山会议部分代表合影

1996年　首次在《经济研究》发表学术论文（《企业适度负债的理论分析与实证研究》，1996年第2期）。

1996年　指导毕业第一位硕士研究生。

1996年　赴（英）埃克塞特（University of Exeter）经济系（现商学院）学术访问6个月。

1996年　论文《论现代企业成本的战略管理》获中国会计学会1995年度会计学优秀论文奖。1996年，获南京大学青年教师学术研究奖。

1996年　获南京大学第四届世川良一奖学金优秀在职博士生奖。

1997年　在南京大学破格晋升为教授。

1997年　出席厦门大学举办的第三届"中国会计教授会"，宣读论文《中英上市公司财务绩效比较研究》。

1997年　完成首份政策性研究报告《科技创新与企业成长关系研究》，提交江苏省科委。

1997年　进入中国人民大学会博士后流动站，师从阎达五教授从事会计学博士后研究。

1998年　发表首篇实证研究论文《上市公司资本结构主要影响因素之实证研究》(《会计研究》1998年第8期。该文引用率在我国会计学界名列前茅）。

2006-11中国实证会计国际研讨会开幕式致辞

1998 年　论文《企业适度负债的理论分析与实证研究》获江苏省第五次哲学社会科学优秀成果奖三等奖。

1999 年　入职北京大学光华管理学院，担任会计学教授和博士生导师。

1999 年　在《中国会计与财务研究》（*China Accounting and Finance Review*）创刊号上发表论文《国有企业改革与国有企业高负债》。

1999 年　独立作者著作《企业发展的财务战略》在东北财经大学出版社出版。

1999 年　首次发表关于学科建设的专业论文《关于财务管理专业建设的若干问题》（《会计研究》1999 年第 3 期）。

2000 年　与导师阎达五教授合作发表论文《论财务战略的相对独立性》（《会计研究》2000 年第 9 期）。

2000 年　著作《企业发展的财务战略》获北京大学第七届文科优秀科研成果二等奖，以及北京市人文社会科学优秀成果二等奖。

2000 年　参与筹划创办《中国会计评论》刊物及学术年会。

2000 年　受聘盖洛普（中国）咨询公司顾问。

2000 年　开始为光华管理学院 MBA 讲授《会计学》《财务报表分析》等课程，为会计学专业研究生（硕士生和博士生）讲授《财务会计研究专题》《公司财务研究专题》等课程。

2008-09出席ACCA进入中国20周年活动并演讲

2001 年　入选"北京市社会科学理论人才'百人工程'"。

2001 年　担任北京大学光华管理学院会计系主任。

2001 年　受证监会委托,主持《中国上市公司信息披露问题研究》课题研究。

2002 年　美国西北大学 Kellogg 商学院学术访问 6 个月。

2002 年　获北京大学 2001-2002 学年度优秀教学奖。

2002 年　当选中国会计学会第六届理事会理事。

2002 年　开始为光华管理学院 EMBA 讲授《财务报表分析》课程。

2003 年　(作为系主任)组织申报会计学博士点并获得批准。

2003 年　担任中国人民财产保险股份有限公司独立董事。

2004 年　指导毕业第一批(两位)博士研究生。

2004 年　论文《中国上市公司融资行为研究》获中国会计学会 2003 年度会计学优秀论文一等奖。

2004 年　(作为系主任)组织申报 MPACC 项目并获得批准(全国首批)。

2004 年　担任《审计研究》编委。

2005年　入选教育部"新世纪优秀人才支持计划"。

2005年　获批本人主持的第一个国家自然科学基金重点项目《产权保护导向的会计研究》。

2005年　当选中国审计学会第五届理事会常务理事。

2005年　指导出站第一位博士后。

2005年　著作《中国上市公司融资行为与融资结构研究》在北京大学出版社出版。

2005年　开始为光华管理学院 MPACC 讲授《高级财务管理》课程。

2008-10中国会计教授会常务理事会合影

2006年　受国家电网公司委托，研究和编制《国家电网公司"十一五"财务发展规划》。

2007年　担任北京大学光华管理学院副院长和党委书记。
2007年　受聘为中国工商银行博士后工作站博士后合作导师。
2007年　受聘为财政部会计准则委员会咨询专家。
2007年　当选中国会计学会第七届理事会理事。
2007年　担任《会计研究》编委。

2009-01财政部颁奖合影

2009-10成思危副委员长颁发证书合影

第四部分 个人学术年表

2008 年　论文《中国企业的资本结构与融资行为：回顾、评述与展望》获财政部"中国会计与改革开放 30 年"有奖征文一等奖。

2009 年　论文《负债融资、负债来源与企业投资行为》获教育部"高等学校科学研究优秀成果奖（人文社会科学）"二等奖。

2009 年　担任北京大学财务分析与投资理财研究中心主任。

2010 年　主持的国家自然科学基金重点项目《产权保护导向的会计研究》通过结项评审（优秀）。

2010 年　受聘为"国家社会科学基金学科规划评审组专家"（全国哲学社会科学规划领导小组）。

2010 年　当选中国审计学会第六届理事会常务理事。

2010 年　论文《管理者过度自信、企业扩张及财务困境》获北京市第十一届哲学社会科学优秀成果奖二等奖）。

2010 年　受电监会委托，主持《电网企业会计准则研究》课题研究。

2010 年　"国际会计师联合会成立 30 周年暨中国会计与国际化学术研讨会"大会报告（北京）。

2011 年　受国资委委托，主持《中央企业董事会建设与业绩考核》课题研究。

2011 年　获批本人主持的第二个国家自然科学基金重点项目《会计

2010-07中国会计博物馆理事会成立大会合影

信息与资源配置效率研究》。

2011年　"公司财务与金融工程高端论坛"大会报告（中山大学）。

2011年　受聘为中国注册会计师协会惩戒委员会委员。

2012年　论文《现金分布、公司治理与过度投资》获财政部中国会计学会2012年度会计学优秀论文二等奖。

2012年　受聘为中国红十字会社会监督委员会委员。

2012年　本人担任主任的北京大学财务分析与投资理财研究中心，联合《经济研究》编辑部和南京大学商学院，举办第一届"宏观经济政策与微观企业行为学术研讨会"，往后每年举办一届该主题的学术研讨会。

2013年　入选财政部"会计名家培养工程"（首批）。

2013年　"海峡两岸经济转型与管理创新研讨会"大会报告（苏州大学）。

2013年　担任中国银行独立董事。

2014年　当选中国会计学会常务理事暨财务管理专业委员会副主任。

2014年　入选教育部"长江学者特聘教授"。

2014年　在中国会计学会学术年会上做大会主题报告《为什么国有企业做大容易做强难？》（北京国家会计学院）。

2010-07中国会计名人评选委员会工作会议现场

2014 年　为财政部会计领军班（学术类）做专题讲座（厦门国家会计学院）。

2014 年　与中国人民大学王化成教授联合举办"财务与会计前沿论坛"，往后每年举办一届该主题的学术论坛。

2016 年　走进"会计名家公益讲堂"，做专题讲座《国有企业过度负债：证据、原因和影响》（北京工商大学）。

2016 年　被母校浙江工商大学评为"首届杰出校友"。

2016 年　担任《中国大百科全书》工商管理卷会计学分支主编。

2017 年　本人主持的第二个国家自然科学基金重点项目《会计信息与资源配置效率研究》通过结项评审（优秀）。

2017 年　受聘为中国红十字会财务管理专家咨询委员会委员。

2017 年　受聘为中国银行博士后工作站博士后合作导师。

2013-11中国会计博物馆与导师阎达五教授塑像合影

第四部分 个人学术年表

2015-07中国审计博物馆（南通）留影

2016-05人民大学第十届校际青年会计学者论坛

2016-11西安交通大学第三届财务与会计前沿论坛

2017-02访问芝加哥大学布斯商学院

第五部分 获奖情况统计

一、荣誉称号

2014 年　入选教育部"长江学者特聘教授"。

2013 年　入选财政部"会计名家培养工程"(首批)。

2005 年　入选教育部"新世纪优秀人才支持计划"。

2001 年　入选"北京市社会科学理论人才'百人工程'"北京市培养新世纪社科理论人才百人工程领导小组办公室。

二、科研奖励

2013 年　论文《现金分布、公司治理与过度投资》获财政部中国会计学会 2012 年度会计学优秀论文二等奖。

2010 年　论文《管理者过度自信、企业扩张及财务困境》获北京市第十一届哲学社会科学优秀成果奖二等奖。

2010 年　论文《会计准则变革与子公司盈余信息的决策有用性》获中国会计学会 2009 年度会计学优秀论文三等奖。

2009 年　论文《负债融资、负债来源与企业投资行为》获教育部"高等学校科学研究优秀成果奖（人文社会科学）"二等奖。

2008 年　论文《中国企业的资本结构与融资行为：回顾、评述与展望》获财政部"中国会计与改革开放 30 年"有奖征文一等奖。

2004年　论文《中国上市公司融资行为研究》获中国会计学会2003年度会计学优秀论文一等奖。

2000年　著作《企业发展的财务战略》获北京市人文社会科学优秀成果二等奖。

2000年　著作《企业发展的财务战略》获北京大学第七届文科优秀科研成果二等奖。

1998年　论文《企业适度负债的理论分析与实证研究》获江苏省第五次哲学社会科学优秀成果奖三等奖。

1996年　论文《论现代企业成本的战略管理》获中国会计学会1995年度会计学优秀论文奖二等奖。

1995年　论文《论现代企业成本的战略管理》获中国会计学会第三届全国财会征文一等奖。

1995年　论文《工业企业流动资金紧张的成因与对策》获中国会计

学会全国第二届财会征文二等奖。

1994年　著作《比较会计》获江苏省第四次哲学社会科学优秀成果奖三等奖。

1993年　著作《比较会计》获中国中青年财务成本研究会全国第二届中青年财会论著"兴华杯"优秀科研成果奖一等奖。

三、教学奖励及其他

2002 年　获北京大学 2001-2002 学年度优秀教学奖。

1996 年　获南京大学青年教师学术研究奖。

1996 年　获南京大学第四届世川良一奖学金优秀在职博士生奖。

1995 年　获南京大学 1995 年优秀教学成果奖二等奖。

1995 年　获南京大学第三届世川良一奖学金优秀在职博士生奖。

1994 年　获南京大学 1993-1994 年度樱松奖教金一等奖。

第六部分 科研成果统计

一、论文

曾雪云、韩丽萍、陆正飞：《上市商业银行表外项目的风险与价值相关性研究》，《经济理论与经济管理》，2017 年第 12 期。

何捷、张会丽、陆正飞：《货币政策与集团企业负债模式研究》，《管理世界》，2017 年第 5 期。

窦欢、陆正飞：《大股东代理问题与上市公司的盈余持续性》，《会计研究》，2017 年第 5 期。

杨文君、何捷、陆正飞：《家族企业股权制衡度与企业价值的门槛效应分析》，《会计研究》，2016 年第 11 期。

钟覃琳、廖冠民、陆正飞：《R&D 投资能够提升企业生产效率吗？》，《会计与经济研究》，2016 年第 5 期。

钟覃琳、陆正飞、袁淳：《反腐败、企业绩效及其渠道效应》，《金融研究》，2016年第9期。

曾雪云、陆正飞：《盈余管理信息风险、业绩波动与审计意见》，《财经研究》，2016年第8期。

权小锋、陆正飞：《投资者关系管理影响审计师决策吗？》，《会计研究》，2016年第2期。

窦欢、陆正飞：《大股东控制、关联存款与现金持有价值》，《管理世界》，2016年第5期。

祝继高、胡诗阳、陆正飞：《商业银行从事影子银行业务的影响因素与经济后果》，《金融研究》，2016年第1期。

陆正飞、何捷、窦欢：《谁更过度负债：国有还是非国有企业？》，《经济研究》，2015年第12期。

胡诗阳、陆正飞：《非执行董事对过度投资的抑制作用研究》，《会计研究》，2015年第11期。

祝继高、陆正飞、王丹：《中国商业银行持有企业股份研究：理论依据、监管政策与发展路径》，《财务研究》，2015年第5期。

祝继高、叶康涛、陆正飞：《谁是更积极的监督者：非控股股东董事还是独立董事？》，《经济研究》，2015年第9期。

吴溪、王春飞、陆正飞：《独立董事与审计师出自同门是"祸"还是"福"》，《管理世界》，2015年第9期。

翟胜宝、王菡、陆正飞：《金融生态环境和企业创新能力》，《经济与管理研究》，2015年第7期。

祝继高、韩非池、陆正飞：《产业政策、银行关联与企业债务融资》，《金融研究》，2015年第3期。

Xi Wu, Yulong Yang & Zhengfei Lu, Are accounting estimate changes associated with an aggressive earnings effect? Empirical evidence, China Journal of Accounting Studies, Apr. 2015.

吴溪、杨育龙、陆正飞:《会计估计变更伴随着更激进的盈余效应吗?》,《会计研究》,2015年第4期。

Huili Zhang, Zhengfei Lu, Ran Zhang & Guohua Jiang,《Insider Ownership, Subsidiary Cash Holdings, and Economic Consequences: Evidence from Chinese Listed Group Firms》, Emerging Markets Finance and Trade, Published online: 02 Apr. 2015.

陆正飞、胡诗阳:《股东-经理代理冲突与非执行董事的治理作用》,《管理世界》,2015年第1期。

张会丽、陆正飞:《集团化运营与管理的经济后果:研究评述与展望》,《经济与管理研究》,2014年第5期。

王春飞、陆正飞:《事务所"改制"、保险价值与投资者保护》,《会计研究》,2014年第5期。

韩非池、陆正飞:《承销商地域垄断性与IPO定价》,《会计与经济研究》，2014 年第 4 期。

窦欢、张会丽、陆正飞：《企业集团、大股东监督与过度投资》，《管理世界》，2014 年第 7 期。

王春飞、陆正飞、伍利娜：《企业集团统一审计与权益资本成本》，《会计研究》，2013 年第 6 期。

张会丽、陆正飞：《控股水平、负债主体与资本结构适度性》，《南开管理评论》，2013 年第 5 期。

陆正飞、王鹏：《同业竞争、盈余管理与控股股东利益输送》，《金融研究》，2013 年第 6 期。

陆正飞、韩非池：《宏观经济政策如何影响公司现金持有的经济效应？》，《管理世界》，2013 年第 6 期。

伍利娜、王春飞、陆正飞：《企业集团审计师变更与审计意见购买》，《审计研究》，2013 年第 1 期。

崔志娟、陆正飞:《柜台市场信息披露制度框架研究》,《东岳论坛》,2013 年第 6 期。

陆正飞、王春飞、伍利娜:《制度变迁、集团客户重要性与非标准审计意见》,《会计研究》,2012 年第 10 期。

祝继高、陆正飞:《融资需求、产权性质与股权融资歧视》,《南开管理评论》,2012 年第 4 期。

张会丽、陆正飞:《经营业务分布与上市公司盈余质量》,《财经研究》,2012 年第 8 期。

陆正飞、王雄元、张鹏:《国有企业支付了更高的职工工资吗?》,《经济研究》,2012 年第 3 期。

张会丽、陆正飞:《现金分布、公司治理与过度投资》,《管理世界》,2012 年第 3 期。

Zhengfei Lu, Jigao Zhu, Weining Zhang, Bank Discrimination, Holding Bank Ownership, and Economic Consequences: Evidence from China, Journal of Banking & Finance,36（2012）341-354.

伍利娜、王春飞、陆正飞：《企业集团统一审计能降低审计收费吗？》，《审计研究》，2012年第1期。

祝继高、林安霁、陆正飞：《会计准则改革、会计利润信息与银行债务契约》，《中国会计评论》，2011年第2期。

陆正飞、杨德明：《商业信用：替代性融资，还是买方市场？》，《管理世界》，2011年第4期。

祝继高、陆正飞：《产权性质、股权再融资与资源配置效率》，《金融研究》，2011年第1期。

叶康涛、祝继高、陆正飞、张然：《独立董事的独立性：基于董事会投票的证据》，《经济研究》，2011年第1期。

Ran Zhang, Zhengfei Lu, Kangtao Ye, How do Firms React to the Prohibition of Long-lived Asset Impairment Reversals? Evidence from China, Journal of Accounting and Public Policy, 29（2010）

424-438.

王春飞、伍利娜、陆正飞:《集团统一审计与审计质量》,《会计研究》,2010年第11期。

陆正飞、王春飞、王鹏:《激进股利政策的影响因素及其经济后果》,《金融研究》,2010年第6期。

陆正飞、张会丽:《所有权安排、寻租空间与现金分布》,《管理世界》,2010年第5期。

陆正飞、张会丽:《新会计准则下利润信息的合理使用——合并报表净利润和母公司报表净利润之选择》,《会计研究》,2010年第4期。

陆正飞、祝继高、樊铮:《银根紧缩、信贷歧视与民营上市公司投资者利益损失》,《金融研究》,2009年第8期。

陆正飞、张会丽:《会计准则变革与子公司盈余信息的决策有用性》,《会计研究》,2009年第5期。

祝继高、陆正飞：《货币政策、企业成长与现金持有水平变化》，《管理世界》，2009年第3期。

蒋琰、陆正飞：《公司治理与股权融资成本》，《数量经济技术经济研究》，2009年第2期。

祝继高、陆正飞、张然、叶康涛：《银行借款信息的有用性与股票投资回报》，《金融研究》，2009年第1期。

姜付秀、张敏、陆正飞、陈才东：《管理者过度自信、企业扩张与财务困境》，《经济研究》，2009年第1期。

石凡、陆正飞、张然：《引入战略投资者是否提升了公司价值——来自H股公司的经验证据》，《经济学（季刊）》，2008年第4期。

姜付秀、屈耀辉、陆正飞、李焰：《产品市场竞争与资本结构动态调整》，《经济研究》，2008年第4期。

陆正飞、祝继高、孙便霞：《盈余管理、会计信息与银行债务契约》，《管理世界》，2008年第3期。

崔伟、陆正飞:《董事会规模、独立性与会计信息透明度》,《南开管理评论》,2008年第2期。

代冰彬、陆正飞、张然:《资产减值:稳健性还是盈余管理》,《会计研究》,2007年第12期。

张然、陆正飞、叶康涛:《会计准则变迁与长期资产减值》,《管理世界》,2007年第8期。

张然、朱炜、陆正飞:《中介机构信息有效性、投资策略与资源合理配置》,《会计研究》,2007年第4期。

叶康涛、陆正飞、张志华:《独立董事能否抑制大股东的"掏空"?》,《经济研究》,2007年第4期。

陆正飞、叶康涛:《产权保护导向的会计研究:新近研究回顾》,《中国会计评论》,2008年第1期。

魏涛、陆正飞、单宏伟:《非经常性损益盈余管理的动机、手段和作用研究》,《管理世界》,2007年第1期。

陆正飞、宋小华:《财务指标在股票投资决策中的有用性:基于中国证券市场的实证研究》,《南开管理评论(双月刊)》,2006年第6期。

姜付秀、刘志彪、陆正飞:《多元化经营、企业价值与收益波动研究》,《财经问题研究》,2006年第11期。

陆正飞、魏涛:《配股后业绩下降:盈余管理后果与真实业绩滑坡》,《会计研究》,2006年第8期。

姜付秀、陆正飞:《多元化与资本成本的关系》,《会计研究》,2006年第6期。

曾颖、陆正飞:《信息披露质量与股权融资成本》,《经济研究》,2006年第2期。

陆正飞、韩霞、常琦:《公司长期负债与投资行为关系研究》,《管理世界》,2006年第1期。

童盼、陆正飞:《负债融资对企业投资行为影响研究:述评与展望》,《会计研究》,2005年第12期。

陆正飞:《财务指标过时了吗?》,《北大商业评论》,2005年第7期。

童盼、陆正飞:《负债融资、负债来源与企业投资行为》,《经济研究》,2005年第5期。

伍利娜、陆正飞:《企业投资行为与融资结构的关系——一项实验研究的发现》,《管理世界》,2005年第4期。

陆正飞、叶康涛:《公司治理与公司财务问题研究述评》,《中国海洋大学学报(双月刊)》,2004年第6期。

童盼、陆正飞:《股东债权人冲突对企业投资决策影响研究述评》,《中国注册会计师》,2004年第6期。

陆正飞、叶康涛:《中国资本市场的公司财务研究:回顾与评论》,《财会通讯》,2004年第5—6期。

叶康涛、陆正飞：《中国上市公司股权融资成本影响因素分析》，《管理世界》，2004 年第 5 期。

陆正飞、叶康涛：《中国上市公司股权融资偏好解析》，《经济研究》，2004 年第 4 期。

陆正飞、高强：《中国上市公司融资行为研究》，《会计研究》，2003 年第 10 期。

陆正飞：《中国上市公司融资战略评价》，《中国总会计师》，2003 年第 9 期。

陆正飞、童盼：《审计意见、审计师变更与监管政策》，《审计研究》，2003 年第 3 期。

陆正飞、赵蔚松：《北京上市公司的融资结构与投资发展战略》，《北京社会科学》，2003 年第 3 期。

陆正飞、施瑜：《从财务评价体系看上市公司价值决定》，《会计研究》，2002 年第 5 期。

陆正飞、刘桂进：《中国公众投资者信息需求探索性研究》，《经济研究》，2002 年第 4 期。

陆正飞、黄明辉：《固定资产投资的信息含量研究》，《中国会计与财务研究》，2002 年第 2 期。

陆正飞、汤立斌、卢英武：《我国证券市场信息披露存在的主要问题及原因分析》，《财经论丛》，2002 年第 1 期。

陆正飞、童俊莉：《会计信息与经营者选择关系之实证研究：A 股与 AB 股上市公司间的比较》，《经济科学》，2001 年第 5 期。

陆正飞：《论企业集团化与财务管理集中化》，《财会通讯》，2000 年第 9 期。

阎达五、陆正飞：《论财务战略的相对独立性》，《会计研究》，2000 年第 9 期。

陆正飞、朱凯：《每日财务报告：有益的尝试》，《会计研究》，2000 年第 1 期。

陆正飞：《关于财务管理专业建设的若干问题》，《会计研究》，1999 年第 3 期。

陆正飞：《国有企业改革与国有企业高负债》Chian Accounting and Finance Review(HK)，1999 年第 1 期。

陆正飞：《中国上市公司的股利分派：行为、成因及影响》，《中国会计与财务发展》，牛津大学出版社 1999 年版。

陆正飞、辛宇：《上市公司资本结构主要影响因素之实证研究》，《会计研究》，1998 年第 8 期。

陆正飞：《中英上市公司财务绩效比较研究》，《会计研究》，1997 年第 10 期。

陆正飞、朱凯：《试论国家所有者财务》，《江苏财会》，1997 年第 9 期。

陆正飞、章江益：《省级粮食储备调控问题研究》，《管理世界》，

1997 年第 2 期。

陆正飞:《中小企业发展的财务战略》,《中国工业经济》,1997 年第 1 期。

陆正飞:《现代企业财务目标述评》,《电子财会》,1996 年第 9 期。

陆正飞:《现代企业目标刍议》,《电子财会》,1996 年第 8 期。

陆正飞:《现代企业制度要义》,《电子财会》,1996 年第 7 期。

陆正飞、章江益:《会计监督的弱化与强化》,《财会审计》,1996 年第 6 期。

陆正飞:《企业目标与财务目标》,《城市金融论坛》,1996 年第 5 期。

陆正飞:《企业适度负债的理论分析与实证研究》,《经济研究》,1996 年第 2 期。

陆正飞：《国际投资动力理论综述》，《经济学动态》，1996年第2期。

陆正飞：《国际企业的组织演进与内部控制》，《经济与管理科学》，1996年第1期。

陆正飞：《跨国经营中的外汇风险与公司对策》，《经济理论与经济管理》，1996年第1期。

陆正飞：《刍议国际投资的决策准则》，《外国经济与管理》，1996年第1期。

陆正飞：《丹麦会计简介》，《会计研究》，1995年第11期。

陆正飞：《论现代企业成本的战略管理》，《会计研究》，1995年第7期。

陆正飞：《跨国企业内部控制：国外子公司业绩评价》，《经济科学》，1995年第6期。

陆正飞：《国有企业股份制改造中的国有资产产权界定与折股》，《南京大学学报专辑》，1995年第5期。

陆正飞:《国际税收及其产生、发展》,《电子财会》,1995年第6期。

陆正飞:《财务会计信息失真的后果、成因及治理对策》,《江苏财会》,1995年第5期。

陆正飞:《会计目标探析》,《南京大学学报》,1995年第4期。

陆正飞:《工业企业流动资金紧张的成因与对策》,《会计研究》,1995年第1期。

陆正飞:《中国会计改革与发展的理论思考》,《教育财会理论与实践》,《江苏省教育会计学会论文集(五)》,东南大学出版社1994年版。

陆正飞:《通货膨胀会计的国际展望》,《电子财会》,1994年第11期。

陆正飞:《现行成本会计与现行成本/不变购买力会计》,《电子财会》,1994年第10期。

陆正飞:《一般价格水准会计:性质、应用与局限性》,《电子财会》,

1994 年第 9 期。

陆正飞:《通货膨胀与通货膨胀会计的发展》,《电子财会》,1994 年第 8 期。

陆正飞:《中国会计改革与发展的理论思考》,《江苏财会》,1994 年第 7 期。

陆正飞:《建立中国会计规范体系的战略研究》,《电子财会》,1994 年第 6 期。

陆正飞、陆娟:《开放经济条件下发展国际化经营的五种关系》,《经济科学》,1994 年第 5 期。

陆正飞:《中国会计改革与发展目标的基本特征》,《丝绸财会》,1994 年第 3 期。

陆正飞:《中国会计改革与发展的理论思考》,《常州财会》,1994 年第 3 期。

陆正飞：《论我国会计模式的转换》，《经济发展与管理研究文集》第一卷，南京大学出版社 1993 年版。

陆正飞、陆娟：《国际会计协调的基本思路》，《四川会计》，1992 年第 5 期。

陆正飞：《中美会计目标比较及启示》，《广西会计》，1992 年第 4 期。

陆正飞编译：《财务报表作用变化与美国执业会计师协会的反应》，《现代会计》，1992 年第 4 期。

陆正飞：《乡镇企业会计管理问题初探》，《乡镇企业研究》，1992 年第 1 期。

陆正飞：《论会计的中国特色与国际化——中国会计改革与发展的基本方向》，《会计学家》，1991 年第 4 期。

陆正飞：《企业举债经营的效应、风险配合规律及其运用》，《金融与经济》，1991 年第 4 期。

陆正飞:《物价变动条件下的会计评价与经济行为》,《经济与管理科学》,1990 年第 1 期。

陆正飞:《物价持续上涨难以抑制的会计学思考》,《经济与管理科学》,1988 年第 3 期。

陆正飞:《资本主义的企业目标与财务目标》,《吉林会计》,1987 年第 6 期。

陆正飞:《商业财会工作现状分析》,《商业财会学习研究》,1987 年第 5 期。

陆正飞:《浅谈中西方财务与会计的关系》,《武汉财会》,1987 年第 4 期。

陆正飞:《国营批发商业面临的问题及其对策》,《商业经济探索》,1987 年第 3 期。

陆正飞:《企业内部审计浅探》,《武汉财会》,1987 年第 1 期。

陆正飞：《论内部审计产生的需要》，《浙江审计》，1986年第4期。

陆正飞：《论民间会计与商品经济》，《辽宁会计》，1986年第1期。

二、著作

陆正飞等著：《中国上市公司融资行为与融资结构研究》，北京大学出版社 2005 年版。

陆正飞著：《企业发展的财务战略》，东北财大出版社 1999 年版。

陆正飞著：《国际商务会计》，中国青年出版社 1996 年版。

陆正飞著：《国际企业金融财务税收》，南京大学出版社 1995 年版。

陆正飞著：《比较会计》，南京大学出版社 1992 年版。

三、教材

陆正飞：《财务报告与分析》（第二版），北京大学出版社 2014 年版。

陆正飞、朱凯、童盼：《高级财务管理》（第二版），北京大学出版社 2013 年版。

陆正飞、黄慧馨、李琦：《会计学》（第二版），北京大学出版社 2012 年版。

陆正飞、岳衡、祝继高：《公司财务实证研究——重点文献导读》，中国人民大学出版社 2011 年版。

陆正飞、姜国华、张然：《财务会计与资本市场实证研究——重点文献导读》，中国人民大学出版社 2009 年版。

陆正飞、姜国华、张然：《会计信息与证券投资实证研究——重点文献导读》，中国人民大学出版社2008年版。

陆正飞：《财务报表分析》，中信出版社2006年版。

陆正飞、王化成、宋献中：《当代财务管理主流》，东北财经大学出版社2004年版。

陆正飞、芮萌、童盼：《公司理财》，清华大学出版社2003年版。

刘力、陆正飞（主译）：《财务报表分析与证券定价》，中国财政经济出版社2002年版。

陆正飞（主编）：《财务管理》，东北财经大学出版社2001年版。

周首华、陆正飞、汤谷良：《现代财务理论前沿专题》，东北财经大学出版社2000年版。

陆正飞、朱凯：《高级财务管理》，浙江人民出版社2000年版。

陆正飞（主编）：《财务管理学》，南京大学出版社 2000 年版。

陆正飞（主译）：《会计精要：管理者必读的教程和案例》，（美）威廉·J. 小布鲁斯著，东北财经大学出版社 1998 年版。

陆正飞（主译）：《超越数字：成功企业的取胜之道》，（美）威廉·L. 西蒙著，东北财经大学出版社 1998 年版。

陆正飞（主编）：《企业理财学》，苏州大学出版社 1993 年版。

陆正飞、俞雪华：《现代西方财务会计》，中国林业出版社 1993 年版。

陆正飞、童生：《股份公司财务会计》，南京大学出版社 1992 年版。

朱元午、陆正飞（主编）：《现代会计原理》，新华出版社 1992 年版。

陆正飞等：《企业会计教程》，南京大学出版社 1991 年版。

四、研究报告

《商誉及其会计问题研究》，大华会计师事务所委托，2017年。

《知识产权会计与披露问题研究》，财政部会计司和大华会计师事务所委托，2017年。

《研究与开发支出会计处理问题分析》，大华会计师事务所委托，2016年。

《中央企业董事会建设与业绩考核》，国资委委托课题，2011年。

《电网企业会计准则研究》，电监会委托课题，2010年。

《中兴通讯：以共享服务为基础的财务管理模式》，中国管理模式杰出奖评委会委托，2010年。

《国家电网公司"十一五"财务发展规划》,国家电网公司委托,2006年。

《中国上市公司信息披露问题研究》,证监会委托,2001年。

《科技创新与企业成长关系研究》,江苏省科委委托,1997年。

第七部分 学生眼中的老师

健步引领学术潮 俯首甘为孺子牛
——记恩师陆正飞教授

叶康涛 祝继高（中国人民大学 对外经济贸易大学）

作为陆老师的学生，我们对陆老师未见其人，已闻其声。作为中国会计学界首批会计名家、为数不多的长江学者特聘教授，陆老师在中国会计学界的名声如雷贯耳。我们无疑是幸运的，能够投身于陆老师门下，亲自接受其指导，感受大师风范，并在学业、事业和生活等方面颇受照顾。为此，当我们接到财政部中国会计学会的邀请，写一篇学生眼里的导师印象时，我们欣然应允。

一、中国实证会计与财务研究的拓荒者

陆老师是我国会计学与公司财务领域的著名学者，在国际比较会计、资本结构与融投资行为研究以及产权保护导向的会计研究等领域开风气之先，进行了深入和具有开创性的研究，著述颇丰，影响深远。

陆老师最初的研究领域是国际比较会计。在国际会计准则趋同之前，国际比较会计研究为国际经济往来和全球经济一体化作出了重要贡献。陆老师于1992年出版的著作《比较会计》中，系统性、比较性地研究了世界主要经济体的会计制度和会计实务差异及其背后的原因，重新概括了世界会计的主要模式，是我国会计学界最早系统研究国际比较会计的著作。《比较会计》一书也先后获得全国第二届中青年财会论著"兴华杯"优秀科研成果奖一等奖和江苏省第四次哲学社会科学优秀成果奖三等奖。

如果说比较会计研究证明了陆老师的科研潜力和创新能力，那么1996年的海外访学经历使得陆老师的科研生涯有了质的飞跃。1996年，陆老师赴英国Exeter大学访问。在英国访问期间，陆老师发现英美发达国家会计学界自20世纪60年代以来兴起了实证会计研究。不同于规范研究从假设到理论的逻辑演绎，实证研究试图通过将理论与企业实践数据进行交叉验证，以此证实或证伪理论假说。在实证研究兴起之前，会计学界理论纷呈，虽然这极大丰富了我们对于会计理论的认识，然而，由于缺乏理论检验过程，不同理论之间的分歧和争议并不能得到有效解决，也导致会计理论丛林良莠并存。实证会计研究试图用科学严谨的假说检验过程，对各类理论的现实解释力加以检验，以达到理论去伪存真的目标，有助于更好推动会计理论发展。为此，实证会计研究自1968年诞生以来，迅速受到了西方会计学界的欢迎和认可。到了20世纪90年代，实证会计研究已经成为西方会计研究的主流范式。

然而，由于当时在国内不容易看到国外的文献，陆老师出国之前国内会计研究主流范式依然为规范研究。到了英国之后，陆老师参加各种学术讨论，阅读国外专业期刊，很快便遇到了会计研究范式冲击。此时，陆老师面临着艰难的研究范式选择困境：在规范研究方面，陆老师已经接受了良好的训练，并已取得了显著成绩，如果继续选择规范研究，可谓是轻车熟路，并有望继续产出可观的科研成果；而如果选择实证研究，且不说当时国内缺乏实证研究条件和基础（那时我国甚至还没有上市公司财务会计研究数据库），还意味着陆老师必须要恶补统计分析方法，并且能否取得成功也存在一定的不确定性。但另一方面，在与国际会计学术界进行了深入互动交流之后，陆老师得出了一个重要判断：国际会计学术界已广泛接受了实证研究，并已经取得了不少成果，这也必将是我国会计研究发展的趋势。在坚定了这种信念之后，他决定从头开始自学实证研究方法。在英国访问的半年里，他夜以继日地待在图书馆，贪婪地吮吸实证研究方法的精华。从英国回国时，陆老师的行李箱装满了实证研究的资料，甚至行李都差点超重。

经过一番刻苦努力，陆老师在实证研究领域终于取得了重大突破。1998年，他与研究生辛宇（现为中山大学管理学院教授）合作完成并发表于《会计研究》的关于资本结构决定因素研究的文章，成为国内该领域的开山之作，被广泛引用（截至2017年9月10日，该文在中国知网的被引次数为2405次，在会计学科全部34180篇论文中，引用次数名列第二位），并引发了国内财务会计领域的实证研究潮流。用陆老师自己的话说，"1996年的英国之行是我学术生涯中的一个重要转折点,坚定了今后的研究方向。"在1997年初回国后,他开始积极参与各种学术研讨活动,推广实证研究理念。在当时,为了应对质疑之声,他还写了一些讨论实证研究方法利弊的文章,以极为严谨的态度分析阐述实证研究的科学性,为推动我国的实证会计与财务研究发展作出了重要的开创性贡献。

陆老师在英国访学期间的另一重要收获,是发现国际一流财务学期刊发表了大量关于资本结构的实证论文。通过认真研读和学习,陆老师认为这是公司财务研究中的核心问题,值得长期深入研究。因此,在从英国回国后的十多年中,陆老师坚持研究上市公司资本结构及其衍生出来的融投资行为问题,包括融资成本、融资行为和投资行为等。围绕该研究主题,陆老师获得了国家社科基金和国家自科基金的多项资助,取得了一系列创新性、有影响的重要研究成果。这些研究成果相继发表在《Journal of Banking and Finance》《经济研究》《管理世界》《会计研究》《金融研究》等国内外权威期刊上。这些研究成果发表后,获得了很高的引用率和学术影响力。在该领域,陆老师共有四篇论文引用率超过1000次,22篇论文引用率超过100次。陆老师在该领域的研究成果还体现在若干重要学术著作中,例如,2000年,著作《企业发展的财务战略》获北京市人文社会科学优秀成果二等奖。陆老师的上述系列研究,为理解中国资本市场环境下的企业投融资行为及由此形成的资本结构作出了系统性的重要贡献。陆老师在该领域之所以能够取得持续且重要的系列研究成果,源于其咬定资本结构这个重要命题不放松和长期持续的科研投入。为此,陆老师在指导我们学业的时候,也经常提醒我们要选择1~2个领域进行长期专注的研究，只有这样才能在相应领域中取得创新性的成果，并产生学术影响力。

虽然是国内实证研究的第一批吃螃蟹者，但难能可贵的是，陆老师的科研态度并非唯技术流。相反，他认为研究方法仅是工具而已，他更强调科研应与中国实践紧密结合，应能够有效解释现实，并指导现实。20 世纪 90 年代中国成立股票市场，中国资本市场得到了快速发展，大量投资者参与到资本市场中。保护投资者尤其是中小投资者的利益成为监管部门关心的重点。在此背景下，如何通过高质量的会计信息保护投资者等利益相关者利益、引导资源的有效配置成为会计和财务学界的一个重大研究问题。2005 年，陆老师成功申报主持了中国会计学界第一个国家自然科学基金重点项目《产权保护导向的会计研究》。在课题研究中，陆老师带领课题组结合中国制度背景，围绕产权保护导向会计的经济学分析，会计规则制订、执行与产权保护以及会计信息功用与产权保护等开展了深入、系统研究。课题组在《Journal of Financial Economics》《Review of Accounting Studies》《经济研究》《管理世界》等国内外重要学术期刊上发表论文 60 余篇。2011 年，陆老师再次成功获批国家自然科学基金重点项目《会计信息与资源配置效率研究》。陆老师成功主持的这两项国家自然科学基金重点项目，既体现了陆老师深厚的学术积累和出众的科研水平，更体现出了作为学者直面中国资本市场重大命题的研究勇气和学者使命感。这两项国家自然科学基金重点项目产生的多篇研究成果发表在国际顶级刊物上，更是提升了中国学者在产权保护会计研究中的国际话语权，并引领了国内关于产权保护导向的会计研究，获得了国家自然科学基金委领导、评审专家和会计与财务学界专家学者的高度评价。这两项重点课题都在结项评估中被评为"优秀"。

2016年，搜狐网"高校会计学者学术影响力评价课题组"利用百度学术搜索平台，一共查找了国内2028名会计学者，几乎囊括了中国高校的所有会计学者，通过计算衡量学术影响力常用指标的H指数和G指数，对国内会计学者的学术影响力进行了评价，并发布了高校会计学者学术影响力50强名单，陆老师在榜单上位居第二。2013和2014年，陆老师凭借其在中国实证财务和会计研究、企业资本结构、产权保护导向会计以及国际比较会计等领域的突出学术贡献，先后入选财政部首批会计名家和教育部长江学者特聘教授。

二、三尺讲台的一心坚守

教学与科研是一名教授职业生涯的两个主旋律，在科研或者教学领域取得丰硕成果的学者大有人在，但是能够平衡两者关系、在两个领域都能取得突出成就的学者却不多见。而陆老师就是这样一位双丰收的学者。

陆老师的教学，无论是面向本科生、普通硕士和博士研究生，还是MBA、EMBA、MPAcc等专业学位学员，都无一例外地受到高度好评，历年教学评估都在学院名列前茅，经常被评为"MBA最喜爱的老师",并获得北京大学优秀教学奖。2007年7月,光华管理学院首届"MBA最喜爱的老师"评选活动揭晓,陆老师名列其中,同学们给他总结的获选理由如下:

"他的课程,选课所需点数奇高;他的课堂,同学们的出勤率奇高。把专业性很强的课程讲得如此深入浅出,他就是陆正飞老师。每天晨光初露时,到光华最早的老师身影中,一定有他;小小期中测验时,不怕麻烦亲自判卷的老师中,依然有他;感冒未好,仍用低沉黯哑、偶伴咳嗽的声音坚持讲课,敬业如斯,惟有感动。他用朴实无华的语言带领我们走进会计的世界。跟随着他的思路,上市公司年报居然不再深奥难懂。一个个枯燥的财务指标被串成环环相扣的纽带,深刻辩证的鉴别,让我们明白了没有绝对意义上的好与坏,关注指标趋势最为重要。陆老师教学中的那一抹诙谐,让精彩的课堂愈加生动活泼。他会用"农园上市"阐述关联交易,会用自己不小心溅上茶水的西服解释加速折旧。他也常常用会计思想感悟人生哲理,将生命健康与企业周期作比,让我们懂得稳健经营的珍贵。从他的课上,我们学会了多总结、多思考,不仅仅"读书"更在于"领悟"。在与数字打交道的点滴过程中,我们懂得了如何去伪存真,也懂得了怎样"超越数字"。

陆老师的课程之所以引人入胜,在于不仅有深厚的理论,还能理论紧密联系实际,将很多实务案例分析得精辟透彻。作为青年教师,我们也经常向陆老师请教如何实现教学中的理论与实践的平衡。在陆老师看来,理论和实务并不矛盾,而是相互依存的关系。他举了一个精妙的例子：就好比，老师手里有刀，企业有菜，没有刀，菜怎么切；没有菜，刀切什么呢？所以，作为一名老师，一定要深入菜市场买菜；反过来，企业也需要理论这把解剖刀，才能做出更加精美的菜肴。

那么，如何才能理论联系实际呢？陆老师给我们总结了几点秘诀：首先，担任企业独立董事是一个很好的信息来源；其次，给企业做咨询的时候，可以就遇到的财务问题进行了解；再次，与企业界的朋友聊天也是一大信息来源渠道；最后，对有关财经媒体多加留心，也可以为讲课提供合适的案例。陆老师这些秘诀，不仅有助于教学，其实对科研也很有启发。经常当学生对某个现实问题了解不多，或难以理解某些现象时，总能从陆老师那里得到满意的剖析和解答。陆老师丰富的实践经验，使得我们的研究更接地气。我们和陆老师合作的关于董事会绩效的多篇研究，就是源于陆老师担任独董过程中所获得的研究灵感。这些研究相继发表于《Journal of Corporate Finance》《经济研究》《管理世界》等国内外权威期刊，并引起了会计、财务和管理学界的高度关注和后续跟进。

不过，我们作为学生始终认为，把课教好，除了要有深厚积累，还需要天赋。在这方面，中国会计学会的一位领导曾经和我们聊起陆老师的一件趣事。有一次，陆老师给EMBA班上课。第一天上课，EMBA学员们就给陆老师来了个下马威。他们挑衅式地问陆老师：我们这些学员都是身家上亿的企业家，您远远没有我们有钱，为什么我们要向您学习经营管理知识？这个问题确实很棘手，但如果不能正确应对,那后面的课就没法讲了。陆老师不慌不忙地反问学生:"你觉得刘翔跑得快,还是他教练跑得快?既然刘翔跑得比他教练快,为啥刘翔还要跟着他教练训练呢?这是因为,虽然教练跑得没有刘翔快,但他可以帮助刘翔跑得更快。同样的道理,虽然我没有在座各位有钱,但我可以帮助你们取得更大的成就!"话音刚落,教室里响起了一片热烈的掌声。大家心服口服,这堂课取得了圆满成功。

更加难能可贵的是,虽然是北大光华的"大牌明星"教授,但陆老师在三尺讲台上并没有"大牌"的气派,却有着一心的坚守。我们在北大读书期间,几乎每天都能在办公室见到陆老师,有什么学术问题写邮件咨询他,都能很快得到回复。近30年的寒来暑往,见证了陆老师作为一名人民教师的高度责任心和对人民教育事业的忠诚承诺。

三、因材施教育天下英才

桃李满天下是老师的期冀,也是对其最好的赞扬。陆老师教书育人,对学生言传身教,循循善诱,既严格要求又爱护有加,近30年的教师生涯培养了一批又一批优秀学子,遍布世界各地和各行各业。

陆老师十分注意因材施教,鼓励学生按照自己的兴趣发展,并有效帮助学生发挥各自的优势。每年会计学专业的新生入学,陆老师所做的专业思想教育总是有些特别：既强调学好会计专业的意义，同时又指出专业划分的相对性。在陆老师看来，大学生选择会计专业，是人生走出的重要一步，但这并不意味着选择了这一专业的所有学生今后的道路都毫无二致；人生的道路事实上总是有必要根据个人情况和环境变化不断地作出修正。所以，陆老师经常告诫学生，既要学专业知识，又要学自己认为有必要学的非专业知识，既要从课堂与书本上学，又要在课外与实践中学；既要掌握必要的知识，又要提高各方面的能力。

对于博士生和博士后的培养，陆老师更是倾注心血。陆老师对于研究秉承严谨态度，要求每一位学生"文章要细做，小题要大做"。而且，陆老师在带学生跟他一起做第一篇论文时，他一定帮学生打印出来，逐字逐句修改。我们至今都还保留着陆老师给我们改文章的手稿，上面密密麻麻写满了陆老师的批复和修改。陆老师还经常自掏腰包，帮助学生搜集研究数据、出国参加国际学术交流。而当学生们面临职业生涯等人生重要选择的时候，陆老师经常会与学生们长谈，结合他自己的经历，为学生们指明前行的方向。每一次与陆老师的交谈都会让学生们对为学、为业、为人有更深的理解。对于去高校工作的学生们，陆老师多次叮嘱大家："作为一名青年学者，一定要把主要精力放在科研上，因为这是科研打基础的阶段，也是处在人生精力最为旺盛的阶段，如果这个时候为了眼前一些短期利益荒废了科研，将来一定会后悔的。"对于选择去实务界工作的博士生，陆老师也会尽可能给予各种支持和大力帮助。陆老师希望他的学生，不论是留在象牙塔里，还是投身商海，或是做一名人民的公务员,都能够踏踏实实做好自己份内的事情,做个本本分分的人,做个对国家和民族有用的人。

报答师恩的最好方式是传承。陆老师说:"如果回报一个具体的人,那样有点狭隘,如果能通过努力,让下一代学者发展更好,前辈们看到肯定更高兴。"如今陆老师已经培养了多位在学术界和实务界小有影响的学生;这些学生的任职遍布中国人民大学、中山大学、北京师范大学、上海财经大学、中央财经大学、对外经济贸易大学、伊利诺伊大学等国内外知名大学,以及知名金融机构和重要政府部门。陆老师指导过的学生中,1人入选教育部"长江学者奖励计划"青年学者(中国人民大学叶康涛教授),1人入选全国会计领军人才培养工程特殊支持计划(中国人民大学支晓强教授),1人入选北京市长城学者(北京工商大学毛新述教授),4人获得财政部会计领军人才(学术类)(中国人民大学支晓强教授、叶康涛教授,北京工商大学童盼教授,中南财经政法大学王雄元教授),7人入选财政部会计领军(后备)人才(学术类)培养计划;1人主持国家自科重点项目(中国人民大学姜付秀教授);1人多次获得新财富最佳分析师(魏涛);2人已成长为厅级干部(汤立斌和章江益)。学生们的成长和取得的成绩,应该是对陆老师在教书育人上辛勤付出的最好诠释。

四、承载学科使命,践行社会担当

陆老师的学术生涯,在四所学校留下了足迹。陆老师曾这样评价这四所母校:"大学生活起步于杭商,母校如同初恋,留下了无数美好记忆;人大在学术上养育了我;南大则是自己教学和科研开始成长的地方;而在北大,我在教学和研究上得到了进一步提升,光华给予了我充分的信任。"

1988年7月,陆老师从中国人民大学会计系硕士毕业来到南京大学工作。当时,南京大学正积极筹建会计学科。作为南京大学会计学科的拓荒者,陆老师与同事们开始了艰苦的创业。经过5年的努力,南大会计学系于1993年正式开始招收本科生,1994年开始招收硕士研究生。1997-1999年间,虽然陆老师在学术上已经取得了突出成果,但为了进一步提升自己,投身阎达五老师门下从事了两年博士后研究。由于南京大学工作需要,在从事博士后研究期间,陆老师经常需要不辞辛劳,往返奔波于南京和北京之间。

1999年,北京大学光华管理学院在国内外招聘人才,相中了陆老师。陆老师经过"痛苦"选择,于1999年11月正式调到北京大学担任教授。来到北京大学后,陆老师先后担任了会计系副主任、主任,光华管理学院副院长,光华管理学院党委书记等职务。陆老师在担任北大会计系主任期间,最主要的职责是带领全系老师进行学科建设,并取得了令会计学界瞩目的成绩,包括以名列全国第一的总分获得"会计学博士点",为会计学系引进了5位会计"海归博士",使得北大会计系逐步跻身全国研究实力最强的会计学科之列。2007年开始,陆老师担任光华管理学院副院长、光华管理学院党委书记等职务,先后主管过的工作包括本硕博教学、会计专业硕士项目、学科建设、科研、人事、校友、党委全面工作等，推动了光华管理学院向世界一流商学院迈进。虽然承担学院和系里的党政工作占用了很多时间，但陆老师很好地平衡了行政工作与教学科研的关系，工作成绩获得了学校、学院领导和老师们的充分认可和肯定，这体现出陆老师作为一名教师对于组织发展的责任与担当。

作为会计和财务学界的知名学者，陆老师也在积极推动整个会计和财务学科的发展。陆老师早在1999年就系统论证了我国公司财务学科建设和培养问题，并作为编委会主任委员组织编写了"高等院校本科公司财务专业教材新系"，博采众长，大胆创新，"通""专"相宜，无论是内容还是体例，在我国公司财务专业教材建设方面都具有重大创新和突破，迄今已多次修订，广受读者好评。他与北京大学姜国华教授、张然副教授合作编写的《会计信息与证券投资》等关于会计与公司财务领域国外经典文献导读的系列丛书，自2008年1月陆续出版以来，已被许多兄弟院校列为研究生教材或重要参考教材，得到学界同仁和研究生的广泛好评和充分肯定。此外，他与上海财经大学朱凯教授、北京工商大学童盼教授主编的教材《高级财务管理》还入选了普通高等教育"十一五"国家级规划教材。

陆老师还先后担任了财政部会计准则委员会咨询专家、中国会计学会常务理事及财务管理专业委员会副主任、中国审计学会常务理事、中国注册会计师协会申诉委员会委员、中国注册会计师协会惩戒委员会委员、《会计研究》编委、《审计研究》编委等社会和学术兼职，推动会计理论与实践相结合，为中国会计和审计事业的发展作出了重要的贡献。目前，陆老师还担任着首次编撰的《中国大百科全书》工商管理分卷会计分支的主编，为中国会计学科薪火相传和会计知识普及而努力耕耘。2012年开始，陆老师还先后受聘担任中国红十字会社会监督委员会委员、中国红十字会财务管理咨询专家，为社会公益事业的健康发展献计献策。

陆老师对于中国会计学科发展的这种强烈责任感和使命感，尤值得我们晚辈学习和传承，致力将中国会计学科推向更高的发展阶段，更好服务于我国的经济社会发展。

第八部分
媒体报道和采访

陆正飞：与会计相融的无悔岁月[①]

（作者：于濛、刘海玲）

一个阳光明媚的午后，我们在北京大学光华管理学院的新楼里见到了传说中的陆正飞教授。

说是传说中的，并不是他有何异于常人，而是他的名头实在是响当当的，让人轻松不起来。但这样近距离地接触陆教授，心中的紧张感却逐渐消失，本以为是他办公室里的绿植给人清新之感，却发现眼前这位享受着"老师"称谓的大家把我也变成了他的学生，在他不疾不徐的声调中，听他的娓娓道来……陆正飞是儒雅的、平和的，短短两个小时的交谈，体会到了春风化雨，润物无声的轻松愉悦。

那天的阳光，明亮而不刺眼。

会计，无心插柳

时间是一条河流，带走了光阴，留下了记忆。2008年用奥运会

[①] 中国会计报专访，2009年5月22日。

在历史中印下了优美身影,而对于陆正飞来说更有别样记忆。这一年,距离他迈上三尺讲台已经足足20年。

1988年,陆正飞从中国人民大学会计学系毕业后,成为南京大学的老师,直到今天再没有离开过讲台。但是,教师这个职业却并不是他的初衷,无心插柳是最好的注释。

最初,与会计结缘也是阴差阳错。"我大学填报的志愿是当时热门的企业管理系,但却被分到了会计专业。最开始的时候还觉得挺无聊的。"不过,即使大学时的专业不是那么的理想,但好学的陆正飞依然努力尽好一个学生的本分,勤奋努力。以至于才到大三,成绩优异的他已经被老师邀请留校。

但是那时的他并不愿意成为老师,固执地认为老师是师范专业应该做的事情。年轻的他想出自己两全其美的办法:考研。于是,他从1985年9月开始在中国人民大学攻读会计学专业(财务管理方向)的研究生。

上了研究生以后,陆正飞本着"人在一个阶段总是要把这个阶段的事情做好"的原则,继续勤勤恳恳地做好学生。在研究生阶段,他针对专业做了相关研究,也发表了些小文章,"虽然现在看来,那些算不上什么研究,但是当时感觉欣喜,因为发现自己也能写些文章。"多年之后,已是会计大家的陆正飞微笑着回忆。

这时候，命运再次抛出花环———教师职业。在中国人民大学的愉快经历加之学校的邀请，陆正飞本打算在中国人民大学开始他的教师生涯。但是最终，南京大学成为"陆老师"这个称谓的出发点。

耕耘，在象牙塔中

当时，南京大学正积极准备建立自己的会计学系，热情邀请陆正飞的加入。一直就读于偏向文科方向学校的陆正飞十分向往南京大学这样的综合性大学，而且考察后发现南京大学的学术氛围特别好。因此，他毅然决定肩负起南大会计学拓荒者的重担，迎接人生中的一次挑战。

作为南京大学会计学专业的拓荒者，陆正飞与同事们开始了艰苦的创业工作。1988年7月，陆正飞进入南大工作，经过5年的努力，南大会计学系于1993年正式开始招收本科生，1994年开始招收硕士研究生。但招生仅仅只是一个开始，过程很是艰辛，个中滋味只有当事者才能体会。

在南大的头几年中，陆正飞主要忙于教学课程，而后随着师资力量的丰富，他才逐渐从繁重的授课任务中解脱出来，继续自己的研究工作。

"教学与研究是相互依存的，如果研究做不好，教学就会缺乏思想。"所以不管再怎么忙,陆正飞都没有在研究上松懈。陆正飞在研究生阶段专攻比较会计研究。

他在1992年出版了专著《比较会计》,引起了较大的反响。不过从那之后,他的研究方向逐渐转向财务管理。之所以转向源于南京大学的学术背景,他觉得研究财务管理在南京大学的用武之地更大,涉及的面也更广,可交流的人更多,无论在教学上还是在研究上都更有益处。从1995年开始,陆正飞的学术研究就基本以财务管理为主。因此,可以毫不夸张地说,他的学术研究奠基阶段源自南京大学。

如果说,选择南京大学是成就陆正飞的第一次机遇,那么在确定研究方向后不久,陆正飞再一次被命运垂青。1996年,陆正飞得到了一个去英国访问半年的机会,这次经历对他的触动很大,更在学术上将他推进了一大步,或者说是一个质的飞跃。这就是实证研究。

在我国,实证研究的方法引入会计领域是在20世纪90年代的后期,在之前都是文字性的自圆其说的研究方法。当时,在国内很少能看到国外的文献资料,最多也就是些教材、杂志,学术类的资料非常匮乏。同时,学术著作中的引文也多为转引,没有多少人能真正看到国外的学术期刊。因此到了英国之后,陆正飞就开始参加各种学术讨论,泡在图书馆看专业期刊。他发现,国外从20世纪60年代以来都是在进行实证研究,随着时代的发展,实证研究越占领主导地位。虽然英国会计界的一些泰斗级人物也不一定全部赞成实证研究，但在查阅了很多文献资料后，陆正飞得出了一个结论：国际学术界都搞了几十年的实证研究，所以这也必然是我国会计研究发展的趋势。坚定了这种信念，他开始自学实证研究，经过一段时间的努力，他最终将这种思想带回国，并将这种方法用于研究生的教学中，指导研究生用这种方式来进行研究及论文的撰写。当时，他指导学生完成了一篇关于研究资本结构的文章，虽然现在看来很是粗浅，但是当时在国内算是该领域开山性的文章，被广泛地引用。

用陆正飞自己的话说，"1996年的英国之行是他学术生涯中的一个重要转折点，坚定了今后的研究方向。"在1997年初回国后，陆正飞开始积极参与各种学术研讨活动，推广自己的理念，推动我国的实证研究。在当时，为了应对质疑之声，他也写了一些实证研究方法利弊的文章，以极为严谨的态度分析阐述实证研究的科学性。

学术上的孜孜追求也从另一个方面成就了陆正飞。当他还在英国学习的时候，南京大学会计系教授的任命通知也不期而至。

为了在学术上能够取得更大的突破，时任南京大学会计系系主任的陆正飞决定跟随中国人民大学的阎达五教授从事博士后研究。

对此，很多同事和朋友都疑惑甚至劝说他，"已经是正教授了，何必再去做博士后？"但他坚持自己的方向，在其后的两年时间内，陆正飞同时扮演系主任和博士后两个角色，往返于北京和南京两个城市之间，却未曾偏废。

就在陆正飞奔忙于各个城市之间时,另一个机遇悄然来到他的身边。

1999年,北京大学光华管理学院成立招聘小组,在国内外广聘人才。优秀的陆正飞进入了招聘组的视野。

"左右为难"。这样的机遇却让陆正飞陷入痛苦的抉择境地,究竟该向左走还是向右走？陆正飞一次又一次地问自己。一边是自己战斗了11年的熟悉讲台,而另一边是一番美景待人发掘。最后,在征求了很多人意见的基础上,陆正飞说服了自己,选择了北京大学。他的理由很简单:"如果放弃南大,我现在会很痛苦;但是如果放弃北大,我将来一定会更痛苦！"最终,通过半年的努力,陆正飞说服南京大学,于1999年11月份以教授的身份正式调到北京大学任教。

如果说去英国学习坚定了陆正飞的学术理念,那来到北京大学就是延长了他的学术寿命,是他生命中的又一次转折。

离开熟悉的南大,来到一个新环境中,学术上的压力和动力激励着陆正飞,这不源于北大超强的研究力量,更是对北大所给予的信任的一种回报。

事实证明,北大的选择是正确的。眼前陆正飞的成绩就是最好的证明。

老师，无悔的选择

在陆正飞的简历中，四所学校都曾有过他的足迹。在他心中，这四所学校又有怎样的情结呢？"在杭州商学院上大学，使我找到了自信；人大读研，让我在研究上有了信心，可以说，人大在学术上养育了我；南京大学则是自己教学和科研开始成长的地方，良好的环境造就了我；而在北大我得到了提升，光华给予了我充分的信任。"陆正飞微微侧着头，笑着说。

"人生需要不断成长，在这个过程中，每一个经历都值得珍惜，每一个成绩都是踏踏实实的。"陆正飞动情地说，"我对人大有一种报恩的感情，只要是人大的事，决不推辞。同时，我也能为北大和南大这两个最好的大学工作而感到幸福，在这两所学校学到了很多的东西，这两所学校对我都非常重要。"在陆正飞的经历中，不难发现，都是工作找他，而非他找工作。"我始终是被动的。"陆正飞有些自嘲。"你找工作，可能有个好价钱。但是，工作找你，过程简单，不费口舌。后者好像处于被动，但事实上，想让别人认可自己是需要付出努力的，而非刻意为之。这是在前期无意中做事情的结果。"

"机会来临的时候，才能获胜。在社会上，重要的是要把当前的每件事情做好。"这也是很多学生向陆正飞请教求职秘诀时，他常常给出的答案。"我的人生哲学就是认真做好每天每件事情，不去计较结果。"不论是学生、同事，很多人都这样评价陆正飞，"对教学和研究特别投入。""其实我并没有像大多数人说的那样执著于这一行，但是我始终觉得教学很有意思,教各类学生都不一样,很有挑战性。"陆正飞很享受地谈起自己的教学体会。现在,陆正飞主要担负博士生、MBA、EMBA、MPAcc等学生的授课任务,而他以前也给本科生上过课,针对不同学生采取的授课方式也不同,他应对自如地享受着这一切。

在他看来,"教本科生的时候可以理论些,教EMBA就要将实务加以深入分析,我自认为在这方面平衡得很好。老师可以把实务中的东西,用好的理论方法来分析给学生听。"虽然现在有很多行政职务,但是陆正飞仍坚持学术研究。身在象牙塔内,却并不是不理凡尘,他是一个注重理论和实际平衡的教授。但是,每天的时间紧张,教学任务、行政工作,如何有时间去寻找教材外的案例呢?理论和实务并不矛盾,而是相互依存的关系。就好比,老师手里有刀,企业有菜,没有刀,菜怎么切;没有菜,刀切什么呢?老师的问题在于怎么得到菜。

陆正飞自有一套办法。首先,自身做企业独立董事是一个很好的信息来源;再有,给企业做咨询的时候,可以对财务遇到的问题有所了解;当然,与企业界的朋友聊天也是一大来源。相互交流就是一个很好沟通信息的渠道;对日常的报刊、杂志,就需要做一个有心人了。平时留心,讲课的时候自然而然就会想起自己曾经看到的案例。这不仅有助于教学,对研究也很有启发,很多课题都是源于对实务的了解。而作为一名商学院的教授,不了解实务是不行的,讲课内容也不可能丰富。理论联系实际,陆正飞的课一直受欢迎也就不足为奇了。

桃李满天下是老师的期冀,也是对其最好的赞扬。说到会计人才的培养,有着20年教学经验的陆正飞很有发言权。"要培养国际化的人才,高校的会计教育也在国际化。但是这个问题不是光引用基础教材就能解决的,师资的国际化很关键,这是前提条件。同时,还应该给国内的老师提供交流的机会。日常还要加强国际交流,了解领域内教学、科研的最新走向。研究同样有助于教学。当然,在国际化的过程中,学生也必须要过语言关。"从最初的无意,到如今的有心,如果再有一次选择的机会,还会不会选择当老师?陆正飞坚定地点头:"选的几率很大,因为教师这个职业很神圣。"20年的老师生涯至今无悔。"虽然有时感觉教师就像个体户,凡事亲历亲为,非常辛苦,但收获的幸福也是无以言表的。时不时有人惦记,有人提起,这种感觉真的很棒!"陆正飞兴奋地说。

有时候,作为老师的陆正飞还能发挥媒介的作用,将互不熟悉的人联系到一起,"因为都是陆老师的学生",而彼此多了一份信任和亲切感。

30年,自己很幸福

说到会计与改革开放30周年,陆正飞表示,很幸运生活在这个年代。"自己从传统的计划经济会计学起,到现在与国际会计接轨,经历了许多的变化。特别是在会计改革的中后期，自己也参与其中。"至于会计专业，是老一辈从业者做了大量的基础性工作，由中青年人接着去推动。现在会计界无论从观念上、准则上变化显著，而实务上的发展更是离不开外部环境。因为，会计不可能自己发展到今天的程度，它是为企业发展服务，经济越发展，会计越重要，故而是时代造就了会计事业，而会计事业的发展造就了这代人。

"跳出会计来说，这也是个伟大的时代，回顾这30年，觉得自己很幸福。"当前，国际交流日益频繁，国内外会计研究及教学的模式也都在逐步趋同，这是30年前想都不敢想的事情。从研究生到现在，陆正飞与会计结缘的时间刚好吻合改革开放的年轮。所以，说他是会计改革的见证者和亲历者不为过。

在一个改革的时代，更要保持平和的心态，否则就会处处不满意，失去平衡。"要善于欣赏更优秀的人，而非嫉妒更不是排挤。应该积极努力学习，做到更好，受人尊重，从社会上获得利益也能问心无愧。不能老是享受，收付平衡才好。""日常事情比较繁杂，所以整块的时间少，运动的机会不是特别多。"书卷气颇浓的陆老师，会抽出时间打篮球、游泳、快步走。"对于必不可少的应酬，基本会选择中午进行。这样容易控制时间，能简单尽量简单些。"眼前的陆正飞就是一位简单的老师，如果有周年庆典，那么送给他最好的礼物，或许就是在今后的日子里，静静地关注和欣赏他将带来的更多精彩。

痴于教研 欣然前行 | 记北大光华教授陆正飞[①]

(作者：魏晗博、刘彦君)

陆正飞教授现任北京大学光华管理学院会计学教授、博士生导师，北京大学财务分析与投资理财研究中心主任。兼任财政部会计准则咨询专家，中国会计学会常务理事及财务管理专业委员会副主任。2014年被选为教育部长江学者特聘教授。陆正飞在中国会计学领域作出了突出贡献并享有很高的声望。

年少情怀总是诗

年少的情怀总是缤纷和绚烂的，就像一首首或委婉或豪放但总是精彩的诗词。不同的人有不同的回忆，也会有不同的诗句，陆正飞的诗应该是锐意前行、波澜壮阔的。

35年前的陆正飞怀揣激情与梦想步入了大学的知识殿堂。令他没想到的是自己竟然莫名其妙地被选进了会计学专业。陆正飞回忆道："我是1981年上的大学，报考志愿时信息没有像现在这么丰富，专业也很少，我填报的是浙江工商大学的企业管理系，有企业管理

[①] 北大新闻网"北大人物"专栏报道，2015年12月1日。

专业、会计专业、计划专业、统计专业，在学校报到的时候才知道自己被分在会计专业。"当时国家刚开始改革开放，市场经济体系还没有完全建立，会计学在那个时期属于冷门专业，但陆正飞认为既然学了就应该学好，经过一段时间的学习，陆正飞渐渐喜欢上了这个冷门专业。随着市场经济的快速发展，会计学受到了越来越多人的青睐。陆正飞自嘲道，原以为手里拿了一把烂牌，没想到竟然成了一副好牌。就这样，会计学阴差阳错地成了陆正飞一生奋斗研究的领域。

在浙江工商大学读完本科后，陆正飞面临着留校任教、读研和去校外工作等多个选择。渴望学习知识、喜欢宁静生活的他，选择了继续深造并如愿进入了中国人民大学。

陆正飞谈到人大给他带来了许多宝贵的回忆，"人大的老师真的非常好，他们当时大部分都住在校园里，我们遇到专业的问题，就往老师家里打电话或是直接上门请教。有时去的时候老师正在吃饭，他们就放下饭碗跟我们沟通交流，答疑解惑"。在老师们的耐心帮助和言传身教下，陆正飞愈发喜欢上了会计学，如饥似渴地做研究，在学术钻研的道路上越走越远。此后，陆正飞又前往南京大学继续深造，在那度过了11年的学术生涯后，收到了来自燕园的邀请，为了使自己在更深的领域和更高的平台上取得成绩，陆正飞选择了北大光华，成为了北大光华管理学院的教授，在这里他收获了更多。

时间在陆正飞的眼角和鬓发留下了痕迹，但是没有带走他年少时锐意钻研学术的兴趣和精神。年少情怀总是诗,这首锐意前行的"诗"陪伴着陆正飞从浙江工商大学、中国人民大学、南京大学到北京大学的 30 多年时光。四所学校的春来夏往见证着陆正飞锐意前行的情怀。

痴于科研 乐在其中

"我的原则就是可以减少其他任何事,但是研究不能放下。因为研究这东西一旦放下,重启是很困难的"。当被问到怎么平衡自己教学、科研与行政工作的关系时,陆正飞如是说。对于他来说,科研已经成为生命中的一部分了。

陆正飞的科研起步是在人大读研的时期,他还记得 1986 年发表第一篇文章时的激动和喜悦。"当时觉得这个字啊,变成铅体字是一件非常了不起的事情",他风趣地侃道:"那个时候我高兴坏了。而且第一笔稿费是 32 块钱,一篇文章其实也就是三四千字,32 块钱就很多了。在 1986 年,如果节省一点 32 块钱都能做一个月的生活费了……"从此,科研就与陆正飞相伴相随并且"一发不可收拾"。到了南大后,多个学科的交叉融合开阔了陆正飞的视野,不再仅仅从会计学的角度来思考会计本身,他开始从经济学、管理学等角度来思考会计。不仅如此,陆正飞投稿的主阵地也从《会计研究》扩展到《经济研究》等经济学的期刊上。从研究的起步到视野的扩宽,陆正飞在会计学领域的研究中逐渐向顶峰攀登。

然而，真正让陆正飞醍醐灌顶的是1996年前往英国埃克塞特（University of Exeter）大学的交流，他研究之路也因此迎来了里程碑式的转变。当时，对于初次走出国门的陆正飞来说，国外的一切充满着新鲜和未知，但是最令他兴奋的则是埃克塞特大学丰富的学术期刊。在这里，陆正飞接触到了实证研究方法。实证研究主张研究者使用大样本观测资料检验理论假设，这种经验研究给习惯了国内"引经据典式"传统规范研究的陆正飞带来极大的震撼。在英国访问的半年里，他夜以继日地待在图书馆，贪婪地吮吸实证研究方法的精华。从英国回国时，陆正飞的行李箱装满了实证研究的资料，甚至因为超重在伦敦的希思罗机场带来了一个小小的插曲。他回忆道："我当时怕托运超重，就背在一个随身的双肩背包里。因此我现在都感谢在机场遇到的那位女士，她看我背包很沉，还拖着一个箱子，便问我为什么这么沉，我说因为背了很多复印的资料。她问我为什么不托运，我说怕超重。她特别善良说，今天航班人不满，你可以放进来，没问题。也就是说她让我超重，还不收我的钱。这时我才把书包里的复印资料放到皮箱里。"就这样，他将会计学中的实证研究方法搬回了中国。

对于热爱科研的陆正飞来说，科研本身就是给他最大的惊喜和最好的礼物，从人大到南大、再到埃克塞特以及之后的北大光华。时间在走、环境在变，但是痴迷于科研的初心仍旧未变。即使在担任党委书记、光华管理学院副院长等党政工作的同时，陆正飞还主持着两个国家自然科学基金重点项目。科研已经成为他生命中的一部分。

教学科研永远是第一位的

教学与科研是一名教授学术生涯的两个主旋律，在科研或者教学领域取得丰硕成果的学者大有人在，但是能够平衡两者关系的人却不多见。连续被评为光华"MBA最喜爱的老师"的陆正飞却能凭借尽职尽责的态度在教学和科研上获得了"大满贯"。从2000年到2013年，陆正飞没有调过一次课，更没有缺过一次课，2013年第一次调课还是因为母亲病重过世，13年的寒来暑往见证了责任和坚持。

除了对学生的认真负责，陆正飞渊博的专业知识以及丰富的实践经验也颇受学生的喜爱。陆正飞回忆起自己在浙江工商大学时的两次毕业实习："第一次实习主要是熟悉会计的基本操作，第二次实习是让我们熟悉财务管理的一些基本常识。那个实习我觉得一生受益。"两次实习丰富了他实际操作的经验，使他养成了从实践中获取知识的良好习惯，也让他将晦涩枯燥的会计学知识讲得生动形象并富有趣味。

陆正飞有一个很特别的杯子，杯子上印的是一张张带着灿烂笑容的面孔，"这是我做系主任的时候，2001级学生，他们2005年毕业，2010年毕业五周年聚会时，定制了这个杯子，他们邀请我去参加他们的聚会，也送了我一个"。一个杯子足以见证陆正飞和学生之间的情谊。

从当初的弱冠之龄，到现在的天命之年，年轮记下了一位学者的点点滴滴；从当初的青春年少到现在的华发渐生，陆正飞在学术的领域已经探索了30多年。刚刚卸下副院长等行政工作的他希望自己可以更专注地从事心爱的教学和科研工作。和那些痴迷于学术科研的教授一样，陆正飞是一位纯粹的学者，一位享受宁静生活但对学术炽热痴迷的学者。尽管工作与科研任务繁忙，他总是抽出时间去陪陪家人；尽管在会计领域享有很高的声望，但他待学生和年轻学者如亲友。一袭布衣，欣然前行，一名纯粹专注的学者大概如是。

第九部分
主要学生名录

一、硕士研究生（普硕）名录

序号	姓名	入学	毕业	学位论文题目
1	袁春宏*	199309	199606	我国企业发展中的财务战略思考
2	章江益*	199409	199706	转让定价的理论研究与实证分析
3	钱玥*	199509	199806	企业兼并的理论与实务分析
4	鲁宾*	199509	199806	论上市公司的融资方式
5	宋俊*	199509	199806	跨国企业财务决策中的避税问题研究
6	马德林*	199509	199806	转轨经济中国有企业内源融资问题研究
7	辛宇*	199509	199806	企业"管理利润"行为研究
8	朱凯*	199609	199906	中国上市公司股权结构的研究
9	周茵*	199609	199906	外汇经济风险决定因素研究
10	许敏*	199609	199906	中小企业融资问题研究
11	徐海鹰*	199609	199906	现代企业集团财务管理体制探讨
12	刘春晖*	199609	199906	通货膨胀条件下企业理财行为分析
13	童俊莉	199809	200107	EVA和传统业绩指标信息含量比较的实证研究

序号	姓名	入学	毕业	学位论文题目
14	段肖磊	199809	200107	上市公司坏账准备政策的实证研究
15	姜琳琳	199909	200107	中国"裂变式"私营企业财务危机研究
16	黄明辉	199909	200107	固定资产投资与公司股价关系的实证研究
17	熊功伟	199909	200207	盈余结构市场反应的行业比较
18	赵蔚松	199909	200207	中国三地上市公司资本结构及融资行为的比较研究
19	孙琦琳	200009	200207	上市公司现金股利政策的实证研究
20	卢英武	200009	200207	持股集中度与会计报告信息含量关系的实证研究
21	陈洁	200009	200207	我国上市公司资本结构影响因素研究
22	马文杰	200109	200307	融资约束和企业投资行为研究
23	顾智勇	200109	200307	中国上市公司审计独立性研究
24	高强	200109	200307	中国上市公司融资决策问卷调查报告
25	汤睿	200209	200406	外部融资成本与现金流对投资影响研究
26	富雷	200209	200406	中国上市公司股权转让效应的实证研究
27	常琦	200209	200406	资本结构、现金股利和公司价值同步作用机制的实证分析

序号	姓名	入学	毕业	学位论文题目
28	韩志达	200309	200507	短期负债融资与企业投资
29	韩霞	200309	200507	公司长期负债与投资行为关系研究
30	周飞	200409	200607	上市公司年报业绩预告制度及市场反应研究
31	张志华	200409	200607	关联交易、独立董事与股票超额回报
32	单宏伟	200409	200607	非经常性损益与上市公司的盈余管理
33	马琳	200509	200707	上市公司盈余管理对银行信贷决策的影响
34	高海燕	200509	200707	股利水平、长期超额报酬与套利机会
35	石凡	200509	200707	境外战略投资者对IPO溢价、财务业绩和长期市场回报的影响
36	朱炜	200609	200807	历史利润信息、市场利润预期及股票价格倍数
37	苏艳阳	200609	200807	明星分析师是真明星吗？
38	邢楠	200709	200907	绩效评价结果和薪酬联系对平衡计分卡使用的影响
39	曹琉郡	200709	200907	投资者关系管理的影响因素及市场反应研究
40	林安霁	200809	201007	会计准则改革、会计利润信息与债务契约
41	刘欢	200909	201107	盈余管理、择时效应与定向增发

序号	姓名	入学	毕业	学位论文题目
42	王捷薇	201009	201207	IPO后业绩下滑、事务所参与程度与审计收费
43	吴育新	201109	201307	股权制衡对上市公司关联交易的治理效应研究
44	余旻琦	201209	201407	会计—税收差异与股权特征
45	张轩旗	201309	201507	国有企业高管薪酬激励与企业绩效
46	许佳	201409	201607	企业社会责任报告披露与投资效率
47	周妍	201509	201707	永续债发行对公司债务融资成本的影响
48	李隽卷	201609	201807	A股商业银行表外及理财业务对股价的影响
49	杨霄	201709	201907	审计师个人声誉、货币政策与融资约束

注：

(1) 带"*"者为南京大学毕业生，其余为北京大学毕业生。

(2) 在南大曾指导，但因工作调动而未指导完成硕士学位论文的研究生还有：1997级邱寒、叶凌云、张冰俏、宋爱琴，1998级陈晨、董伟、仲晓峰、张迅。

二、博士研究生名录

序号	姓名	入学	毕业	学位论文题目
1	汤立斌	200109	200406	中国上市公司信息披露违规及其监管
2	童盼	200109	200406	融资结构与企业投资：基于股东—债权人冲突的研究
3	叶康涛	200209	200607	关联交易、会计信息有用性与代理成本
4	曾颖	200209	200507	上市公司信息披露质量与股权融资成本关系研究
5	代冰彬	200109	200707	减值准备：稳健性还是盈余管理
6	魏涛	200309	200707	公司治理、报酬业绩关系与公司价值
7	崔伟	200409	200807	信息披露、债务成本与融资成长
8	宋小华	200309	200907	治理环境、盈余质量及其经济后果
9	祝继高	200609	201007	产权性质、企业融资与资源配置效率
10	张会丽	200709	201107	企业集团、财务体制及经济后果
11	王春飞	200809	201207	企业集团统一审计：质量、变更及经济后果
12	王鹏	200909	201307	同业竞争关系下大股东掏空行为及经济后果研究
13	窦欢	201109	201507	关联资金交易、影响因素与经济后果

序号	姓名	入学	毕业	学位论文题目
14	韩非池	201009	201607	地方政府产业政策与企业财务行为研究
15	胡诗阳	201209	201707	商业银行从事理财业务的影响因素和经济后果研究
16	何捷	201309	201807	供应链上会计信息的作用研究
17	钟覃琳	201309	201807	经济政策不确定性对上市公司信息环境的影响
18	杨文君	201409	201807	上市公司购买理财产品的影响因素及经济后果
19	赵健宇*	201509	202007	
20	周茜	201609	202107	
21	李荣	201709	202207	

注：带"*"者为在校博士研究生，其毕业时间为"预计毕业时间"。

三、博士后名录

序号	姓名	进站	出站	出站报告题目
1	支晓强	200309	200512	股东—债权人冲突与企业融资行为
2	姜付秀	200507	200706	投资者利益保护与股权融资成本研究
3	蒋琰	200608	200807	企业公司治理与融资成本关系研究
4	徐程兴*	200707	200907	基于数据挖掘的商业银行分客户绩效评价研究
5	黄炳艺	200707	201007	我国机构投资者持股行为及其经济后果实证研究
6	王雄元	201007	201206	CEO权力、CEO薪酬与公司内部薪酬差距
7	杨德明	201007	201206	商业信用：替代性融资，还是买方市场？
8	毛新述	200804	201011	公开债务契约、盈余管理与盈余稳健性
9	何小杨*	201007	201206	我国上市银行内部控制审计研究
10	崔志娟	201010	201304	内部控制报告有效性评价：理论与证据
11	曾雪云	201107	201307	公允价值计量与金融稳定性
12	许敏	201010	201306	提高国有大中型企业技术创新能力的对策研究

序号	姓名	进站	出站	出站报告题目
13	施丹*	201207	201407	国际会计准则改革与中国商业银行的对策研究
14	翟胜宝	201202	201402	企业投资效率、企业风险与银行关联
15	权小锋	201307	201512	投资者关系管理的风险价值效应研究
16	张波涛	201404	201512	会计信息质量与上市公司资本配置效率
17	冯慧群	201407	201606	私募股权投资与公司治理：中国的实践
18	孟祥南*	201407	201606	中间业务收入发展战略研究
19	杜勇*	201311	201708	新疆奇康公司全面预算体系完善及实施研究
20	许晓芳	201806		
21	王瑜	201906		

注：带"*"者是为中国工商银行等博士后工作站联合指导的博士后。